미래를 준비한
세계의 도시들

미래를 준비한 세계의 도시들
지속 가능한 도시, 어떻게 만들어 왔나?

초판 1쇄 발행 2024년 3월 20일
초판 2쇄 발행 2025년 5월 2일

지은이 이두현, 류주현
펴낸이 장길수
펴낸곳 지식과감성#
출판등록 제2012-000081호

교정 김서아
디자인 강샛별
편집 이현
검수 한장희
마케팅 김윤길, 정은혜

주소 서울시 금천구 벚꽃로298 대륭포스트타워6차 1212호
전화 070-4651-3730~4
팩스 070-4325-7006
이메일 ksbookup@naver.com
홈페이지 www.knsbookup.com

ISBN 979-11-392-1712-4(93350)
값 16,700원

- 이 책의 판권은 지은이에게 있습니다.
- 이 책 내용의 전부 또는 일부를 재사용하려면 반드시 지은이의 서면 동의를 받아야 합니다.
- 잘못된 책은 구입하신 곳에서 바꾸어 드립니다.

지식과감성#
홈페이지 바로가기

목차

서문 ··· 9

1부
스페인 바르셀로나

도시 개관 ··· 14
다양성 속에 피어난 독자적 문화 예술 ··· 19
일데폰스 세르다의 창조적 도시 계획 ··· 21
창조적 프로젝트 실천과 시민 협력의 거버넌스 ··· 24
가우디의 창조적 건축 세계와 도시 문화유산 ··· 26
디아고날 마르 프로젝트와 도시 재생 ··· 28
22@바르셀로나 프로젝트와 산업 클러스터 ··· 30
'데시딤'과 '센틸로'로 만들어 가는 스마트 도시 ··· 34
9분 도시와 그린 사이드 월 ··· 37
우수한 고등 교육 시스템과 산학연 협력 ··· 40
문화 예술 기반 속에 피어난 관광 생태계 ··· 43
FC 바르셀로나와 스포츠 네트워크 ··· 45
결론: 바르셀로나의 지속 가능성 평가 ··· 48

2부
이탈리아 볼로냐

도시 개관 … 54
지구주민평회 도입과 Bologna 2000 Project 실천 … 59
사회적 협동조합과 사회적 경제 … 61
공방형 기업군의 '기능인'과 수평적 네트워크 '패키지 밸리' … 63
붉은 도시와 포르티코, 그리고 도시 재생 … 67
창의성의 요람 '볼로냐대학'과 '볼로냐 프로세스' … 71
유럽 문화 수도와 유네스코 창의 도시 … 74
퀴어 프렌들리로 만들어 가는 다양성 … 76
도시 문제와 스마트 도시 미래 전략 … 78
결론: 볼로냐의 지속 가능성 평가 … 80

3부
핀란드 헬싱키

도시 개관 … 86
변화의 주체가 된 '헬싱키 클럽' … 90
세계적 수준의 대학 교육과 헬싱키 과학 회랑 … 91
ICT 클러스터와 아라비안란타 … 95
실패의 날과 도전의 벤처 … 99
세계 디자인의 수도 … 101
관용적 도시 풍토와 다양성 … 103

빛의 축제와 플로우 페스티벌 … 105
휴머니즘을 목표로 제시한 스마트 도시 계획 … 107
친환경 생태 도시, 에코 비키 … 111
결론: 헬싱키의 지속 가능성 평가 … 114

영국의 글래스고

도시 개관 … 120
도시 문화 프로젝트와 도시 마케팅 … 123
유럽 문화 수도ECOC와 문화 창조 수도 … 126
창조적 발상의 교육 환경과 글래스고대학교 … 128
창조 산업의 기반 '클라이드'와 지속 가능한 도시 경제 … 131
소수 민족에 대한 포용에서 시작된 관용 … 134
유네스코 창의 도시와 창조 도시 네트워크 … 135
친환경 도시와 글래스고 기후 합의 … 137
미래 도시 프로젝트로 시작된 스마트 도시 … 139
결론: 글래스고의 지속 가능성 평가 … 142

5부
일본의 요코하마

도시 개관 … 148
개방적이고 관용적인 도시 풍토 … 152
리더십과 창조 도시 전략 … 153
도시 재생과 창조적 거점 … 155
공공과 민간의 협력, 협력적 거버넌스 … 158
전통 속에 꽃피운 영상 문화 도시 … 159
창조 산업 클러스터 … 161
친환경 항구 도시로, 환경 미래 도시로 … 162
스마트 도시, 전략 산업이 되다 … 165
축제와 문화 관광 도시로 … 167
결론: 요코하마의 지속 가능성 평가 … 170

6부
싱가포르

도시 개관 … 176
정치적 안정과 튼튼한 경제 기반 … 181
르네상스 도시 계획과 미디어21 계획 … 184
빅토리아 극장과 에스플러네이드 … 186
창조 산업 클러스터와 테스트 베드 … 188
창조적 인적 자본과 국제적 수준의 교육 시스템 … 192

다양성의 문화가 꽃피운 페라나칸 … 195
세계 표준의 스마트 도시에서 스마트네이션으로 … 197
생태 도시 전략으로 피어난 정원 도시 … 201
마이스^{MICE} 산업과 창조 관광 … 204
결론: 싱가포르의 지속 가능성 평가 … 208

미국 오스틴

도시 개관 … 214
오스틴 지역 경제 개발 전략 … 217
이상한 대로 오스틴을 두라^{Keep Austin Weird} … 220
SXSW^{South by South West} … 223
강한 협력적 시스템이 만든 클러스터 … 225
첨단 산업의 메카 '실리콘 힐스' … 227
오스틴의 창조적 교육 시스템, 오스틴 텍사스대학교 … 229
지속 가능한 창조 계층 … 232
보수적인 텍사스주, 진보적인 오스틴시 … 234
생태 도시 전략과 뮬러 커뮤니티 … 238
비전 제로의 스마트 도시 … 240
축제와 문화로 꽃피운 지속 가능한 관광 … 242
결론: 오스틴의 지속 가능성 평가 … 245

참고문헌 … 251

서문

　　　　　　　세계 인구의 절반 이상이 거주하는 공간. 우리나라 국민 10명 중 9명이 거주하는 공간. 2050년이 되면 세계 인구는 약 100억 명에 도달하게 되고, 약 75%의 인구가 이곳에 거주하게 됩니다. 인류가 탄생했고, 수많은 생성과 소멸이 반복하면서 진화해 나갔던 곳, 바로 도시입니다. 태생적으로 도시는 행복, 사랑, 욕망, 지루함 등의 경험적 공간을 연구하는 심리지리학^{Psychogeography}이나 전염병의 확산 과정을 통해 그 패턴과 패러다임, 인류의 미래를 예측하는 메디컬지리학$^{Medical\ Geography}$ 그리고 천체의 움직임과 중력 효과 등 대기권 밖 공간의 특성을 연구하는 우주지리학^{Spatiography}처럼 예측하는 데 한계를 지닙니다. 경험이나 직관을 배제하고 과학적인 사실만으로 설명할 수도 있지만 복잡계 속의 도시를 예측한다는 것 자체에 필연적으로 모순이 뒤따르기 마련입니다.

　최근 인공 지능, 클라우드, 메타버스, 사물 인터넷, 빅 데이터, 블록체인 등 새로운 산업 기술이 이끌어 가는 4차 산업 혁명으로의 대전환으로 인해 도시는 수많은 변화를 경험하게 되었습니다. 물론, 그 누구도 예측하지 못했던 코로나19 팬데믹과 지구 온난화로 인한 수많은 자연재해도 겪었습니다. 지금 러시아의 우크라이나 침공과 더불어 민족·인종·종교 등 이해관계가 첨예하게 대립하면서 많은 도시가 경제 위기에도 직면하게 되었습니다. 기후 위기를 비롯해 이제는 더 복잡해진 난제들이 도시의 생존을 위협하고 있습니다. 특히 국내에서는 예전부터 인구 감소로 인한 지방 소멸의 위기에 봉착하게 되었습니다. 그런데 지금은 지역 소멸, 즉 대도시 소멸까지도 걱정해야 하는 시기가 되었습니다.

인류의 미래는 결국 우리가 살고 있는 도시에 있습니다. 이제는 더 이상 도시 소멸을 방관해서는 안 됩니다. 도시가 당면한 문제를 발견하고 해결해 나가면서 도시의 지속 가능성을 높여 나가야 합니다. 여기 바로 그 모델이 있습니다. 소위 지속 가능한 도시로 소개되는 이탈리아의 볼로냐, 영국의 글래스고, 핀란드 헬싱키, 스페인 바르셀로나, 미국의 오스틴, 싱가포르, 일본의 요코하마 등입니다. 이들은 도시가 처한 위기 상황 속에서 도시가 지닌 창조성을 발견하고, 도시 재생, 문화 도시, 생태 도시, 스마트 도시 등의 다양한 도시 전략을 추진하면서 도시의 지속 가능성을 높여 왔습니다. 그 결과 세계 금융 위기와 코로나19 팬데믹 등의 도시의 여러 위기 속에서도 수십여 년간 굳건히 그 자리를 지키고 성장해 왔습니다.

최근에는 지속 가능한 도시의 미래상으로 첨단 기술 기반의 친환경 도시에 대한 설계가 진행되고 있습니다. 사우디아라비아에서는 첨단 기술 기반의 자급자족형 환경 도시인 네옴시티를, 미국에서는 최초의 태양 전력 발전 도시인 밥콕랜치와 탄소 중립 도시를 목적으로 개발되고 있는 미래 도시인 텔로사를, 중국에서는 업무용 친환경 첨단 도시인 넷시티 등을 계획하고 있습니다. 또한 인도네시아에서는 기후 위기로 수몰 위기에 처한 수도 자카르타를 보르네오섬의 이스트칼리마탄으로 옮기는 법안이 통과되었고, 해수면의 상승으로 여러 섬이 사라지고 있는 몰디브에서는 물 위에 뜰 수 있는 수상 도시를 추진하고 있습니다. 물론 비판적인 견해들도 있지만 이러한 아이디어가 이제는 그 당위성을 인정받기 시작하였습니다. 인공 지능과 사물 인터넷 등 첨단 기술이 등장하고 기후 변화와 불평등과 같은 인류가 당면한 도전에 대응하기 위한 전략이 필요하기 때문입니다.

　여러분이 이 책을 읽은 순간에도 도시는 새롭게 변화하고 새로운 난제들로 서로가 머리를 맞대고 있을 겁니다. 그것이 도시를 살리는 원천이 될지, 아니면 도시를 쇠퇴시키는 부정이 될지는 그 누구도 모를 일입니다. 다만 이러한 변화들이 도시의 지속 가능성을 높여 나가는 데 있어서 새로운 기회가 되길 바랍니다. 무엇보다 여러분이 거주하고 있는 도시의 미래상은 여러분 스스로 그려 나갈 때 가장 아름다운 작품이 됩니다. 이미 그 어떤 전문가들보다 도시가 겪고 있는 문제들 하나하나를 섬세하게 파악하고 있을 뿐만 아니라 사실 실질적인 해결 방안까지도 스스로 제시할 수 있기 때문입니다. 이 책을 읽으며 여러분 스스로가 아이디어를 내고 프로토타입을 만들어 내는 창조자가 되어, 그 역동성을 함께 느끼며 도시의 미래 모습을 그려 보길 바랍니다.

　끝으로 본 도서를 집필하고 출판하는 데 아낌없는 조언해 주신 선생님들께 감사드립니다. 이 책이 출판되기까지 모든 정성을 기울여 주신 출판사 대표님과 편집자님께 진심으로 감사의 마음을 전합니다.

1부

스페인 바르셀로나

도시 개관

바르셀로나의 위치

바르셀로나^{Barcelona}는 스페인 동부 지중해 연안 지역에서 프랑스 남쪽 피레네산맥과 그 주변을 포함하는 카탈루냐의 주도입니다. 인구는 약 160만 명^{2014년}, 면적 101.9km²의 스페인 제2의 도시입니다. 도시의 이름은 고대 페니키아어인 '바르케노$^{Barkeno1)}$'에서 유래되었습니다.

B.C. 3세기, 페니키아의 도시에서 출발한 바르셀로나는 B.C. 201년에는 로마의 지배[2]하에 들어갔습니다. 그러나 8세기에 들어오면서 무어인들의 침략을 받았고, 801년에는 샤를마뉴가 지배했습니다. 이후 바르셀로나는 백작령 안에서 반독립 상태를 유지하며 독자적인 발전을 이루어

---

1) B.C. 3세기경 스페인 식민지를 개척한 카르타고의 장군 하밀카르 바르카 가문의 성에서 유래했다는 설도 있습니다.
2) 구시가지의 중심부인 고딕가(Gothic街)에는 당시의 성벽 일부가 남아 있습니다.

나갔습니다. 12세기에는 카탈루냐 백작과 아라곤 여왕의 혼인으로 아라곤 왕국이 만들어졌고, 바르셀로나는 카탈루냐 백작국의 중심지로 자리 잡았습니다. 13세기에는 바르셀로나 교황구가 세워졌습니다. 이는 교황 선거를 통해 교황이 결정되는 교구 체제였기에 이후 몇 세기 동안 카탈루냐의 정치적 중심지였습니다. 당시 건축된 바르셀로나 대성당13세기 말을 비롯한 역사적 건축물이 구시가지에 남아 있습니다. 14세기에는 국제 무역으로 상업이 성장하였고, 이와 함께 학문 분야에도 큰 성과를 이루었습니다. 15세기에는 카스티야 왕국과의 연합을 통해 카탈루냐의 독립성을 유지하면서도 바르셀로나는 스페인 왕국의 중심지로서 성장해 나갔습니다. 16세기 후반부터는 스페인의 대서양 제국의 중요한 항구로 자리 잡았으나, 오히려 카탈루냐의 독립성은 약화되기 시작했습니다. 17세기에는 스페인 내전의 발발로 인해 스페인 정부와 대립하게 되었습니다. 이후 카탈루냐 전쟁Catalan Revolt이 일어나면서 바르셀로나는 11개월 동안 스페인 왕국의 공격을 받았습니다. 그 결과, 도시는 1714년에 스페인 왕국에 속하게 되었고, 카탈루냐의 자치권은 매우 제한적이 되었습니다. 17세기부터는 30년 전쟁과 스페인 내전의 영향으로 도시는 많은 손실을 입었지만 이후 서서히 경제력이 회복되어 스페인에서 제2의 도시로 자리 잡았습니다. 특히 19세기 후반부터는 사회주의와 무정부주의 운동이 발생지이자 중심지가 되었습니다. 1936년부터는 스페인 내전이 발생하면서 공화주의자들과 군인들의 연합으로 이루어진 인민 전선 정부의 마지막 거점이 되었습니다. 그러나 1939년 내전이 끝나고 프랑코 장군이 권력을 장악하면서 바르셀로나도 함락되어 프랑코의 독재 지배 아래에 있게 되었습니다. 바르셀로나는 프랑코의 독재 치하

1939-1975년3)를 겪으면서 카스티야의 중심지인 마드리드에 대한 좋지 않은 감정이 더욱 깊어졌습니다. 2017년 바르셀로나 지역 정부가 독립을 선언했을 정도로 여전히 카탈루냐 지역에 강한 정체성과 자부심을 가지고 있습니다.

도시 행정 구역은 역사적 분열을 기반으로 하여 특정 지어진 10개 지역으로 구분합니다. 바르셀로나는 구시가지인 시우타트 벨라Ciutat Vella와 에샴플레Eixample, 산츠몬주이크Sants-Montjuïc, 레스 코르테스Les Corts, 사리아 산트 게르바시Sarrià-Sant Gervasi, 그라시아Gràcia, 오르타 기나르도Horta-Guinardó, 노우 바리스Nou Barris, 산트 안드레우Sant Andreu, 산트 마르티Sant Martí 등으로 구분되어 있습니다.

사그라다 파밀리아Sagrada Familia

---

3) 스페인은 카탈루냐 지방의 주도인 바르셀로나 외에도 피레네산맥의 바스크 지방(빌바오), 안달루시아 지방(세비야)도 수도인 마드리드를 중심으로 하는 카스티야 지방과 민족, 언어, 경제적 격차 등으로 인한 갈등이 심합니다.

도시는 레알 광장^{Plaça Reial}을 중심으로 중세 건축물과 카탈루냐의 정부 및 시 청사 등이 있는 고딕 지구^{Barri Gòtic}, 콜럼버스가 아메리카 대륙을 발견하고 도착한 벨 항구^{Port Vell4)} 등 세계적인 명소들로 가득합니다. 유네스코 세계 문화유산으로 등재된 사그라다 파밀리아 성당^{Sagrada Familia5)}, 구엘 공원^{Park Güell}, 구엘 저택^{Palau Güell}, 까사 바트요^{Casa Batlló}, 까사 밀라^{Casa Milà}를 건축한 안토니오 가우디^{Antoni Gaudí, 1852-1926}와 카탈루냐 음악당^{Palau de la Musica Catalana}, 산트 파우 병원^{Hospital de sant pau}을 건축한 루이스 도메네크 이 몬타네르^{Lluís Domènech i Montaner, 1850-1923} 등 세계적인 건축가의 작품 전시장이기도 합니다.

구엘 공원^{Park Güell}

---

4) 요트, 쇼핑몰, 레스토랑 등이 있는 항구 일대가 관광지로 유명합니다. 콜럼버스의 아메리카 대륙 발견을 기념해 만국 박람회 당시 지어진 콜럼버스 기념탑이 대표적인 랜드마크입니다.

5) 우리말로 '성(聖) 가족'이라는 뜻으로, 예수와 마리아, 요셉을 의미합니다.

19세기 후반부터 바르셀로나는 섬유 공업을 기반으로 높은 경제 성장을 이루어 냈습니다. 기반 산업이었던 섬유 공업 이외에도 산업화가 진전되면서 화학 및 금속 공업도 함께 발전해 나갔습니다. 주변 지역과의 교류를 비롯해 지중해 넘어 국제 무역에서 주도적인 역할을 담당하면서 바르셀로나는 이베리아반도의 제1의 산업 도시로 성장하였습니다. 도시의 경제 성장으로 도시화가 촉진되면서, 1840년대 15만 명에 지나지 않았던 도시 인구는 1930년대 100만 명을 넘어서게 되었습니다. 하지만 프랑코의 독재 이후 마드리드에 경제 중심지를 빼앗기게 되었습니다. 프랑코 정권 시절이 끝나면서 경제 구조가 새롭게 재편되었고 인쇄업, 기계, 자동차, 화학 공업이 함께 성장해 가면서 바르셀로나는 또다시 스페인의 경제 중심지가 되었습니다. 또한 관광, 과학, 엔터테인먼트, 미디어, 패션, 교육 등의 분야를 선도하며 세계 최고 수준의 컨퍼런스와 박람회, 공연과 축제 등을 이끌어 나가며 명실상부한 세계 도시가 되었습니다.

바르셀로나는 유럽의 교통 허브이기도 합니다. 유럽을 대표하는 바르셀로나항은 크게 약 500년 전 콜럼버스가 아메리카 대륙을 발견한 후 돌아온 구 항구인 벨 항구와 상업 항구, 그리고 물류 항구로 나뉩니다. 항구는 18-19세기 식민지 교역의 중심지로 성장한 덕택에 지금도 남부 유럽의 관문으로 자리매김하고 있습니다. 지중해 지역에서 가장 많은 물동량을 처리하고, 가장 많은 승객으로 붐비는 것으로 유명합니다. 내륙으로는 광범위한 고속 도로망을 비롯해 약 1,800km에 달하는 지중해 철도망이 유럽의 각 도시를 연결하고 있습니다. 또한, 바르셀로나의 하늘 관문인 엘프라트 공항은 연간 약 3,500만 명의 이상의 승객을 수용합니다. 유럽과 북부 아프리카의 물류 네트워크 중심지로 최근 세계

물류 회사들의 물류 서비스의 거점으로도 부상하고 있습니다.

벨 항구 Port Vell

다양성 속에 피어난 독자적 문화 예술

『돈키호테』의 저자인 세르반테스Miguel de Cervantes Saa vedra, 1547-1616가 '유럽의 꽃'이라 칭송하였을 정도로 바르셀로나는 중세 말엽 활기가 넘치는 도시였습니다. 상업이 발달하면서 스페인 최초의 은행이 생겼고, 식민지 교역을 통해 스페인 경제의 중심지가 되었습니다. 하지만 스페인의 중심지가 마드리드로 이동하고, 지중해 무역도 쇠퇴해 가면서 바르셀로나는 위기에 직면하게 되었습니다. 여기에 여러 차례의 전쟁과 전염병까지 겪으면서 도시는 점차 그 기능을 잃게 되었습니다. 그러나 19세기 산업 혁명 이후 산업화의 진전으로 재도약의 기회가 마련되었고, 이를 통해 발전을 거듭하면서 스페인 제2의 도시가 되었습니다.

당시 유럽의 많은 도시들은 산업 혁명으로 큰 경제적 성장을 거듭하면서, 이에 따른 여러 가지 문제에 직면하곤 하였습니다. 바르셀로나도 예외는 아니었습니다. 장 주네[Jean Genet, 1910-1986]의 자전적 소설인 『도둑 일기[Journal du Voleur]』에서는 1920-1930년대 바르셀로나의 바리오 치노[barrio chino, 바르셀로나의 차이나타운] 골목의 모습을 창녀, 성도착자, 포주, 마약, 집시 등의 이야기들로, 1907년, 다섯 명의 누드 여성이 등장하는 피카소의 「아비뇽의 처녀들[Les Demoiselles d'Avignon]」에서는 바르셀로나 아비뇽의 사창가 이야기로 도시를 그려 내었을 정도로 지금의 분위기와는 전혀 다른 모습이었습니다. 인구의 급격한 증가로 거주 공간은 부족해지고 정주 환경이 매우 열악해졌기 때문입니다. 즉, 산업적 성장에도 불구하고 바르셀로나는 유럽에서 가장 낙후된 도시 중 하나가 되었습니다.

하지만 갈등과 분쟁, 산업 쇠퇴 등 여러 위기 속에서도 바르셀로나는 굳건히 이를 극복해 내었습니다. 이러한 힘의 원천은 바르셀로나만이 지닌 문화 예술의 창조성이었습니다. 일찍이 항구 도시로 성장해 온 바르셀로나는 카탈루냐 지방의 고유한 문화를 지키면서 다른 문화 수용함에 있어서 관용적인 태도를 보였습니다. 이는 도시에 시공간을 넘나드는 다양한 문화 예술을 꽃피워 도시를 하나의 작품으로 만드는 거대한 힘이 되었습니다. 바르셀로나는 점진적으로 시역을 확장해 나가면서 도시의 본질에 대한 고민들을 도시 계획에 반영하였습니다. 단순히 현재를 위한 도시가 아니라 과거와 현재 속에서 지속 가능한 미래를 설계하였습니다. 이러한 도시 계획을 통해 바르셀로나만의 독자적인 건축 문화를 만들어 나갈 수 있었습니다.

일데폰스 세르다의 창조적 도시 계획

1389년, 고딕 양식의 성벽이 완성되면서 바르셀로나는 이상적인 방어 기능을 갖춘 도시였습니다. 18세기 이후 산업화가 급격히 진전되면서 도시의 인구가 폭발적으로 증가하게 되었지만, 성곽 지역인 시우타트 벨라^{Ciutat Vella}는 성벽으로 인해 더 이상 확장이 불가했습니다. 19세기 초에 이르러 지중해 일대를 중심으로 무역과 상업의 거점으로 도시는 더욱 성장해 나갔지만, 도시 환경과 위생은 극도로 악화되었습니다. 하지만 이러한 위기는 바르셀로나가 지금과 같은 공간 구조를 갖추는 데 그 토대가 되었습니다. 바르셀로나는 파리 개조 계획처럼 기존 도시를 개조하는 것이 아니라 도시를 외곽으로 확장해 나가는 방식을 채택하였습니다. 이러한 계획은 1859년 토목 기사였던 일데폰스 세르다^{Ildefons Cerdà, 1815-1876}에 의해 그려졌습니다. 도시의 채광과 환기, 정원 조성, 교통 체계를 고려한 그리드 패턴의 블록, 즉 600여 개의 '만싸나^{Manzana:, 구획}'가 그 계획이었습니다. 이를 기반으로 형성된 앙상쉐^{Ensanche} 지구, 또는 에이샴플라^{Eixample, 확장} 지구는 바르셀로나 창조성의 실험 무대가 되었습니다.

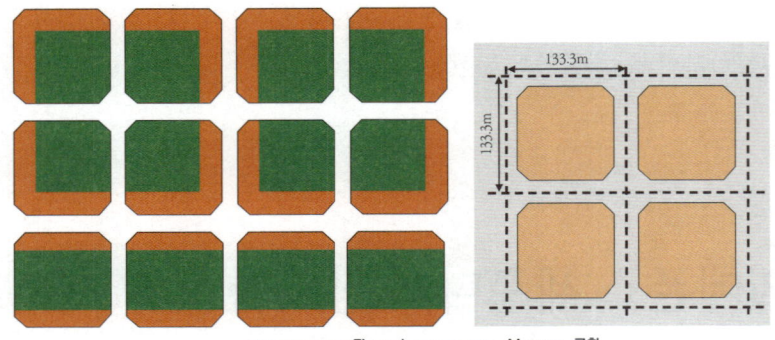

에이샴플라^{Eixample}의 만싸나^{Manzana}, 구획

 '블록'을 뜻하는 만싸나는 한 변이 113m인 정사각형 형태의 주택 구획지로, 네 모퉁이는 깎여서 팔각형의 형태를 이룹니다. 초기 만싸나는 대부분 건물로 닫힌 'ㅁ' 자형 구조가 아니라 각각 20m를 경계로 하여 6층 건물이 병렬로 배치된 열린 구조였습니다. 가운데 57×7m의 규모의 블록 야드^{Blockyard}는 채광과 통풍을 위한 오픈 스페이스^{Open Space}가 되었습니다. 블록 안에는 다양한 건축물이 들어서고 그 안에 다양한 계층이 함께 살아가며 소통하는 도시를 만들었습니다. 또한 에이샴플라를 대각선으로 관통하는 디아고날^{Diagonal}, 사선 또는 대각선을 두어 구도심 지역과 소통을 원활하게 하였습니다. 이와 같이 격자로 이루어진 기하학적 도시 구조는 바르셀로나의 정체성이 되었습니다.

 물론, 시간이 지나면서 병렬로 배치된 건물 주변이 점차 사유화되어 가면서 'ㄱ' 자형, 'ㄷ' 자형 그리고 지금의 'ㅁ' 자형의 형태로 바뀌었습니다. 그리고 채광을 위한 블록 야드는 지금과 같은 중정으로, 건물의 폭도 16-32m 정도, 층수도 9층 정도로 다양하게 변화되었습니다. 모든 층이 주거 용도로 설계되었던 초기와 달리 지금 대부분의 건축에서 1-2층은 상업 용도로, 3-7층은 주거 및 오피스로, 8-9층은 펜트하우스의 구조로 변화되었습니다.

바르셀로나의 거리와 블록 구획

이처럼 세르다가 설계한 그리드 패턴의 앙상쉐[Ensanche6)]는 바르셀로나의 도시 계획의 기본적인 틀이 되었습니다. 근대 도시에서 볼 수 있는 기하학적인 구조 안에 시민들의 삶을 담은 인간 중심의 창조적 설계가 도시 생활의 생명력과 다양성의 근원이 된 것입니다.

---

6) 앙상쉐(Ensanche)는 에이샴플라(Eixample)와 같이 '확대'를 의미하는 용어로, 도시 계획에서는 '신규 개발 지구'로 해석합니다.

창조적 프로젝트 실천과
시민 협력의 거버넌스

사실, 도시가 지금과 같은 모습을 갖는 데는 1992년 개최된 올림픽의 영향이 컸습니다. 유치 과정에서 도시는 교통, 공원, 해변, 산업 등에 사회 간접 자본의 투자를 이끌었고, 이는 낙후된 지역과 역사적 명소 등 도시 환경을 개선하는 데 있어서 새로운 기회가 되었습니다. 특히 도시 개조 프로젝트의 실천에 대한 리더들의 강한 의지와 시민들의 적극적인 참여로 협력적 거버넌스가 마련되었습니다. 시민들은 문화 예술 작품을 함께 만끽할 수 있는 공공 광장 조성을 요구하였고, 시는 이러한 의견을 받아들여 기존 광장을 문화 공간으로 탈바꿈시켰습니다.

1981년과 1997년 사이 진행된 140여 개의 도시 공간 프로젝트는 대부분 플라자 두라^{plaza dura} 형태로 완성되었습니다. 미로^{Miro}와 칼라트라바^{Calatrava} 등 스페인을 대표하는 작가들의 작품 설치를 포함하여 도시 공간에 1,000개의 조각과 공공 미술 및 야외 박물관에 실질적으로 투자하였습니다^{London Development Agency, 2006}. 이러한 작은 변화들 하나하나는 도시 문화 예술의 역량을 키워 나가는 데 있어서 훌륭한 사회적·환경적 기반이 되었습니다. 바르셀로나올림픽을 준비하면서 도시에 활력을 더하고, 거리 및 공원, 지하철 등에 경찰 순찰 인력을 보강하면서 범죄율도 자연스레 감소하게 되었습니다.

도시의 문화 육성 전략에는 바르셀로나 문화연구소가 중심에 배치되었습니다. 행정 관료 중심이었던 기존 도시들과는 달리 유연한 조직을 기반으로 공공과 민간의 협력을 이끌어 내었습니다. 또한, 도시의 지속 가능성을 높여 나가기 위해 도시 전략을 수립하는 기획 부서를 조직하여 지식, 혁신과 창의성, 지역성과 유동성, 지속성과 삶의 질, 사회적 결속을 개발 전략으로 내세웠습니다. 핵심은 도시의 창조성에 기반하여 도시 경제를 새롭게 개편하는 것이었습니다. 취미나 오락, 패션 등과 연계된 5차 산업을 육성하면서 도시 경제에 새로운 아이디어와 혁신을 이끌었습니다. 2006년부터 5차 산업의 실질적인 개념을 정립하고, 문화, 예술, 디자인, 조사, 연구, 건축, 시청각, 미디어, 마케팅, 광고 등을 육성하였습니다. 이를 통해 창조적 인재들이 도시에 정착할 수 있도록 돕고, 문화적 다양성을 활용하여 새로운 비즈니스 모델을 창출할 수 있도록 지원하였습니다.

결국, 바르셀로나는 정책의 실현보다는 출발과 과정에 중심을 두고 도시 전략을 실천하여 도시의 지속 가능성을 높여 나갈 수 있었습니다. 이를 위해 도시는 행정 주체로서 지방 정부뿐만 아니라 개인이나 민간 기업, 예술가 등 다양한 주체들이 참여할 수 있도록 하였고, 이들의 자율성을 최대한 보장하였습니다. 그 안에서 각각의 주체들이 스스로 성장해 나갈 수 있도록 함께 정책을 마련하였고, 여기에 도시는 재정과 제도로서 이를 뒷받침해 나가면서 공공-민간 부문의 협력적 거버넌스를 이끌어 낼 수 있었습니다.

가우디의 창조적 건축 세계와 도시 문화유산

바르셀로나는 도시 자체가 예술이자 건축입니다. 다양한 건축 문화유산을 보존하면서 그 가치를 높여 온 바르셀로나는 이들 장소를 기반으로 삼아 도시의 지속 가능성을 높였습니다. 먼저 19-20세기 사이 여러 변화에도 불구하고 중세 시대 건축들이 지금까지 고스란히 남아 있는 옛 중심 지역인 '바리 고틱Barri Gòtic, 고딕지구'은 바르셀로나 역사 문화의 여정을 여는 첫 무대가 됩니다. 로마의 벽Roman Wall, 중세 유대인 지구 엘콜El Call, 라 메리세 성당La Mercè basilica, 바르셀로나의 가장 아름다운 골목길인 비스베 거리Carrer del Bisbe, 레알 광장Plaça Reial, 카탈로니안 대통령의 의식용 주택Ceremonial residence까지 작은 미로 거리가 이어집니다. 바르셀로나 성당Cathedral of Barcelona, 루이스 도메네크 몬타Lluís Domènech i Montaner의 작품인 카탈로니아 하이킹 센터Hiking Center of Catalonia's building, 피카소 박물관으로 사용되고 있는 아퀼라 궁전Aguilar Palace 등도 보존 및 재생하면서 도시 문화의 주요 명소로 자리 잡게 되었습니다.

무엇보다 바르셀로나 건축 문화의 중심에는 건축을 모든 예술의 꼭대기에 올려놓은 주인공, 자연과 곡선을 사랑한 건축가 안토니오 가우디Antoni Gaudí, 1852-1926가 있습니다. 시내 곳곳에 세워진 그의 건축은 바르셀로나 건축 문화의 위대한 경지를 보여 줍니다. '가우디의 도시', 심지어 '가우디가 먹여 살리는 도시'라고 불릴 정도로 매해 수백만의 관광객이 그의 작품을 보기 위해 도시를 찾습니다. 1882년 건설된 이후 지금까지 공사가 진행되고 있는 사그라다 파밀리아 성당$^{Sagrada\ Familia7)}$을 비롯해, 형형색색의 타일로 만들어진 구엘 공원$^{Park\ Güell}$, 고전적 외관에 독특한 굴뚝이 돋보이는 구엘 저택$^{Palau\ Güell}$, 식물을 상징하는 뼈 모양의 기둥과 기묘한 창문 장식이 돋보이는 까사 바트요$^{Casa\ Batlló}$, 구불구불한 디자인의 상가형 주택 까사 밀라$^{Casa\ Milà}$ 등이 모두 세계 문화유산으로 등재되었습니다. 기존의 양식이나 관념에 전혀 얽매이지 않고 새로운 양식을 만들어 내었던 아르누보$^{art\ nouveau}$의 자유로운 예술 양식이 가우디의 건축에 고스란히 담겼습니다. 지금도 그의 건축은 바르셀로나의 문화 예술의 창조적 사고와 발상의 근원이 되고 있습니다.

카사밀라$^{Casa\ Milà}$

---

7) 12개의 첨탑을 가진 높이 102m의 성당으로 가우디의 사망 100주년이 되는 해인 2026년 완공될 예정입니다.

물론, 바르셀로나는 가우디 외에도 수많은 예술가의 활동 무대가 되었습니다. 피카소와 살바도르 달리, 호안 미로 등을 비롯해 세계적인 거장들이 이 도시에서 태어났거나 이곳을 활동 무대로 삼았습니다. 다른 시각에서 보면 예술가들에 의해 바르셀로나가 유명해진 것이 아니라 이들이 바르셀로나에 있었기 때문에 유명해질 수 있었던 것일지도 모릅니다. 지금도 예술가들과 도시는 필요조건처럼 상호 보완하며, 그 창조성의 조각들을 차곡차곡 쌓아 올리고 있습니다.

디아고날 마르 프로젝트와 도시 재생

바르셀로나는 구도심과 낙후 지역의 재생을 위한 개발 전략을 추진하여 도시 공간에 새로운 활력을 불어넣었습니다. 낙후 지역의 재생에서도 도시는 장인 정신의 전통과 독자적 문화 예술의 기준에 따랐습니다.

먼저 1990년대 초반 이민자들의 삶의 터전이었던 라발과 엘 본 인근의 구시가지 일대가 그 시초가 되었습니다. 회복 불능의 약 4천 개의 주택은 약 2천5백 개의 주거 공간과 복합 문화 공간으로 대체되었습니다. 마약 거래가 빈번하던 우범 지역은 기업과 문화 및 상업 시설이 들어오면서 생동감을 넘치는 거리로 탈바꿈되었습니다. 특히, 바르셀로나 현대미술관[MACBA], 바르셀로나 현대문화센터[CCCB], 카탈루냐 국립미술박물관, 국립 아카이브, 역사박물관, 오페라(강당)과 극장인 리 세우[Liceu] 등의 문화 시설이 재건되었습니다. 그 결과 현대미술관이 자리한 라발 지역은 젊은 예술가들이 모여 유행을 선도하는 예술 무대로 탈바꿈되었고,

이로 인해 주민들의 문화 수준도 한층 더 높아지게 되었습니다.

현대 미술관^{MACBA}

 더 나아가 바르셀로나는 문화 올림픽으로도 불리는 '포럼 2004 바르셀로나^{Forum Barcelona 2004}'[8]를 통해 세계적인 관광 컨벤션 도시로도 성장했습니다. 이 포럼으로 공장 지대와 빈민촌이 밀집했던 도시의 북동부 해안을 중심으로 한 여러 도시에 재생 프로젝트가 진행되었고, 세계적인 건축가[9]를 비롯해 젊은 건축가들이 다양한 실험 무대를 펼칠 수 있었습니다. 상상 그 이상의 아이디어가 프로젝트에 반영되면서 도시에는 다채로운 문화 공간들이 조성되었습니다. 그중에서도 해안 지역 개발 계획의 일환으로 진행된 '디아고날 마르 프로젝트^{Diagonal Mar project}'가 대표적

---

8) 문화적 다양성, 평화를 위한 여건 조성, 지속 가능한 개발을 주제로 국제회의와 전시회, 콘서트 등 다채로운 문화 행사가 개최되었습니다.

9) 세계적인 건축가 헤르조그와 드 뮈론이 설계한 에디피시 포럼(Edifici Forum)빌딩은 랜드 마크로 자리 잡게 되었습니다.

입니다. 먼저 엄격한 고도 제한을 풀어 건축물을 고층화시키고, 각 부지의 공용 부분을 확대해 공원과 공공 부지로 활용하였습니다. 녹지와 공용 면적을 전체 면적의 70%에 이를 정도로 확대하였고, 부지에는 고급 아파트와 오피스 빌딩, 컨벤션 센터, 쇼핑몰, 호텔, 공원 등이 들어섰습니다. 이로써 디아고날은 문화와 여가, 첨단 산업이 조화를 이루는 도시로 탈바꿈되었고, 하나의 독립된 도시로 성장할 수 있는 기반을 마련하였습니다. 더 나아가 디아고날을 통해 바르셀로나는 '관광 컨벤션 도시'라는 새로운 도시 이미지를 만들어 나갈 수 있었습니다.

22@바르셀로나 프로젝트와 산업 클러스터

1990년대부터 시작해 2000년대 초반까지 바르셀로나는 문화 르네상스 및 미래 산업 분야 육성을 위한 도시 인프라가 거의 구축되지 않았습니다. 이에 바르셀로나는 도시 경제의 지속 가능성을 높이기 위해 산업의 핵심 요소로 도시의 비교 우위 산업을 육성하고 문화유산 인프라 및 산업 클러스터를 구축해 나갔습니다. 특히 문화와 산업을 연계한 창조 산업 인프라를 구축하는 데에 역점을 두고 관련 산업을 유인하였습니다. 먼저 출판 및 멀티미디어 분야에서 수천 개의 기업을 유치하고, 시청각 및 영화 산업을 특화시켰습니다. 건축과 산업 디자인 분야에서 3천여 개에 달하는 기업들도 유치해 가면서 지체되어 가던 섬유 산업도 재도약의 기회가 마련되었습니다. 창조 산업 분야에 다양한 인프라가 구축되면서 규모의 경제를 실현한 산업들을 중심으로 클러스터도 형성되었습니다. 이렇게 형성된 클러스터를 토대로 뭉쳐진 산업들은 여러 분야에서 전후방 효과를 발생시켰습니다.

22@바르셀로나 프로젝트로 재생된 혁신 지구

변화의 핵심은 2000년대 중반 진행된 '22@바르셀로나 프로젝트[22@ Barcelona Project]'에서부터였습니다. '22@'는 당시 산업 단지였던 포블레노우[Poblenou]의 코드 '22A'에서 이름 붙여졌습니다. 포블레노우는 1860-1960년대 수천 개에 달하는 방직 공장이 집적하여 바르셀로나 산업의 거점이었습니다. 한때 '카탈루냐의 맨체스터'라는 별칭까지 붙여졌을 정도 그 명성은 자자했었습니다. 하지만 1970년대 이후, 점차 쇠락해 가다가, 1990년대 들어서는 산업 기반이 아예 무너져 버리고 말았습니다. 결국, 바르셀로나는 경제 위기를 극복하기 위한 새로운 도전의 무대로 포블레노우를 선택하게 되었습니다. 그 시작이 바로 앞서 언급했던 '22@바르셀로나 프로젝트[22@Barcelona Project]'였습니다. 초기 포블레노우의 코드인 '22A'로 불리다가 닷컴 시대가 도래함에 따라 'A'를 '@'로 바꾸었습니다. 22@바르셀로나는 이제 중심 업무 지역인 산트마티[Sant Martí] 지역 안에 포함되는 지역으로 '혁신 지구[innovation district]'로 불리고 있습니다.

바르셀로나는 낙후된 공장 부지를 개발하면서 토지주들이 자신의 권리를 충분히 행사할 수 있도록 도왔습니다. 토지주들은 용적률의 인센티브를 보장받는 대신 소유한 부지의 30%를 공공용지로 제공하였습니다. 또한, 도시는 개발 지역의 3분의 1을 녹지로 조성하여 쾌적한 도시 환경을 조성하였습니다. 주거, 교육, 산업 등이 함께 공존하고 소통하면서 도시의 혁신을 이루어 내도록 한 것입니다. 이러한 계획하에 도시는 정보 통신 기술^{ICT}, 바이오, 미디어 등 지식 기반 산업 중심의 첨단 산업 클러스터를 구축할 수 있었습니다. 또한 도심과 주변 지역 간의 간선 도로망 및 대중 교통망을 확충하고 정보 통신 기술을 활용하여 스마트 도시 환경을 구축하였습니다. 114개에 달하는 기존 공장 건물들은 리모델링을 통해 새로운 창조 공간으로 변화되었습니다. 각각의 특색에 맞춰 다국적 기업과 대학 및 연구소 등이 입주하였고, 도시를 대표하는 첨단 산업의 인큐베이터가 되었습니다. 2020년대 초반까지 9천 개가 넘는 기업이 이곳에 터를 잡으면서 무려 10만여 명에 달하는 일자리가 새롭게 창출되었습니다. 이처럼 22@바르셀로나 프로젝트를 통해 바르셀로나는 지식 기반 산업과 주거, 교육, 문화 등 다양한 기능이 함께 공존하는 혁신 지구로 변화되었습니다. 바르셀로나의 도시 개발 전략은 지역을 전문적으로 세분화시켜 혁신을 이끄는 방식이라 할 수 있습니다. 이러한 도시 개발 모델은 도시의 지속 가능성을 두고 고민하던 리우데자네이루, 보스턴, 이스탄불, 케이프타운과 같은 도시의 벤치마킹 대상이 되었습니다.

  그 결과는 2019년 발표한 바르셀로나 상공 회의소의 보고서에서도 여실히 드러납니다. 보고서를 보면 바르셀로나는 '혁신, 경쟁력, 기술' 부문에서 유럽 도시 중 4위, '연구 개발$^{R\&D}$ 프로젝트 유치 역량' 부문에서 전 세계 도시 중 4위에 올랐습니다.

매해 바르셀로나는 세계 최대 IT 전시회인 '모바일 월드 콩그레스MWC' 도 이끌고 있습니다. 뛰어난 전시회 인프라, 전시회 기간 중 온화한 기후 여건, 쾌적한 도시 환경과 문화, 우수한 숙박 시설과 교통 인프라 여건 등은 개최 장소를 칸에서 바르셀로나로 옮기는 계기가 되었습니다. 인공 지능AI을 비롯해 증강 현실AR, 메타버스, Industry 4.0 등의 지능형 연결Intelligent Connectivity을 주제로 최첨단 기술을 선보이며 기술 혁신을 선도해 나가고 있습니다. 또한 새로운 트렌드를 발굴하고 수준 높은 콘퍼런스를 개최하며, 최첨단 기업들의 혁신적인 경연 무대를 만들어 가면서 미래 사회의 청사진을 보여 주고 있습니다. 도시는 전문화 및 차별화 전략으로 참가 기업의 전문성을 극대화시키고, 구매력 높은 바이어를 유치하여 콩그레스의 권위를 높여 첨단 도시로서 역량을 강화시켜 나가고 있습니다.

바르셀로나 모바일 월드 콩그레스MWC

'데시딤'과 '센틸로'로
만들어 가는 스마트 도시

도시 전문가들이 뽑은 세계적인 스마트 도시 중 하나가 바르셀로나입니다. 바르셀로나는 도시의 미래를 고민하면서 그 가능성을 스마트 도시에 두고 2000년대 중반부터 스마트 도시 전략을 추진하였고, 지금은 매해 세계 최대 규모의 스마트 도시 엑스포^{SCEWC}를 이끌고 있습니다.

스마트 도시를 위한 그 첫 시작은 앞서 언급했던 '22@바르셀로나 프로젝트'에서부터였습니다. 지식 정보 산업 기반의 혁신 지구 내에 정보 통신, 교통, 에너지 등 수많은 빅 데이터가 기반이 되어 리빙 랩의 역할을 담당하였습니다. 일찍부터 도시 중심부는 교통 환경을 개선하기 위해 스마트 모빌리티를 도입하였고, 부족해진 교통 여건을 개선하기 위해서 버스·지하철·트램 등 공공 운송 시스템을 확충하고, 환승 및 탑승 환경을 디지털화시켜 나갔습니다. 지하철 시간에 맞춰 이동하는 엘리베이터를 설치하고, 이동 정보를 통해 얻은 데이터를 활용해 버스 노선과 경로, 배차 등을 합리적으로 개선하였습니다. 또한, 차로를 축소해 확보된 공간은 자전거와 보행자만 통행할 수 있는 슈퍼 블록을 설치하였고, 공공 자전거 대여 서비스인 '바이싱^{Bicing}'을 설치해 자전거 이용률을 높였습니다. 이와 같이 바르셀로나는 스마트 모빌리티 환경을 조성하면서 도심의 교통 통행량과 에너지 소비를 줄여 나가는 동시에 쾌적한 정주 환경도 조성해 나갔습니다.

또한 도시는 물 부족 문제를 해결하기 위해 스마트 워터 그리드[10]를

---

10) IoT, Cloud, Big Data, Mobile, 즉 ICBM으로 일컬어지는 기술을 수자원 관리 인프라에 적용하였습니다.

추진하였습니다. 스마트 미터, 온도 센서, 습도 센서 등을 활용해 물 관리에 필요한 정보를 수집한 결과를 빅 데이터 분석으로 스스로 자동 관리하도록 하였습니다. 이를 전체 공원의 약 68%에 적용하여 용수 보존율을 약 25% 끌어 올렸습니다.

바르셀로나 스마트 도시 전략의 핵심은 마레노스트럼^{MareNostrum}으로 불리는 슈퍼컴퓨터입니다. 세계에서 가장 강력한 데이터 처리 장치로 미래 도시 계획을 이끌고 있습니다. 스스로 도시 문제를 진단하고 분석하여 디지털 트윈 기술을 통해 개선 방향을 제안해 줍니다. 승용차 통행과 노상 주차를 금지시키면서 대기 오염을 줄인 '수페리야^{SUPERILLA}'라는 슈퍼 블록도 마레노스트럼이 이끌었습니다. 특히, 가상 세계 속에 도시를 그려 나가면서 건축뿐만 아니라 교통, 인구, 환경, 복지 등 다양한 분야의 문제에 대한 대책을 마련할 수 있게 되었습니다.

스마트 도시로서 바르셀로나의 핵심 중 하나는 '센틸로^{Sentilo}'입니다. 도시 곳곳에 설치된 약 2만여 개의 사물 인터넷^{IoT} 센서가 도시 인프라 정보를 수집하고 공개하고 있습니다. 수집 항목에는 교통 체증 및 소음 정도, 기후 정보 등이 있습니다. 이는 실생활에서도 흔히 볼 수 있는데, 가령 주차 공간에 차량 감지 센서가 설치되고 이것이 스마트 가로등에 부착된 센서와 연계되어 주차 정보를 실시간 공유하면서 주차 문제 및 교통 체증 문제를 해결하는 방식입니다. 또한, 스마트 가로등에 부착된 센서가 햇빛, 강수량, 바람 등의 정보를 추적해 활용하는 방식을 통해 도시 가로등의 에너지 소비량의 약 30% 정도를 줄였습니다. 그 결과 센티로는 2016년 유럽 오픈어워즈에서 혁신적인 오픈 소스 소프트웨어로 선정되었습니다.

2015년부터 바르셀로나는 시민이 주체가 되어 사업을 진행하는 보텀업bottom-up 방식의 시스템을 구축하였습니다. 이는 시민들이 아이디어를 내고 이를 활용할 수 있는 기술을 정부와 민간 기업이 구축해 나가는 방식입니다. 도시는 '깃허브Github'라는 웹 호스팅 서비스를 통해 오픈 소스 소프트웨어를 공유하면서 누구나 쉽게 가공하고 재생산할 수 있는 토대를 마련하였습니다. 데이터를 공평하게 분배하여 정보 격차를 줄이는 방식을 선택하고, 정부와 시 의회가 이를 제도적인 지원을 뒷받침하면서 톱다운top-down 방식의 부작용을 최소화하였습니다. 무엇보다 인구의 고령화에 따른 디지털 격차를 줄이기 위해 도시는 노년층에 태블릿 PC를 대여해 주고, 이들을 위한 소셜 미디어를 제공하며, 어플리케이션 사용 및 활용 교육을 진행하여 세대 간 지털 격차를 줄여 나갔습니다.

더 나아가 도시는 카탈루냐어로 '우리가 결정한다'는 뜻의 디지털 민주주의 플랫폼 '데시딤Decidim'을 통해 325일 24시간 내내 시민들이 자유롭게 의제를 올리고, 참여하며 정책을 함께 결정하는 의사소통의 무대를 조성하였습니다. 여기서 올라온 정책의 50% 정도가 최종적으로 도입되었을 정도로 그 효과는 매우 긍정적이었습니다. 데시딤을 통해 조성된 바르셀로나의 디지털 거버넌스는 이미 헬싱키를 비롯해 세계 주요 도시들이 활용하고 있을 만큼 세계 표준이 되어 가고 있습니다. 이처럼 바르셀로나는 디지털 정보의 무상 공유와 재생산, 분배 등을 실천하며 디지털 환경 속에서도 투명한 거버넌스를 만들어 나가고 있습니다. 즉, 기술과 정치가 접목된 테크노폴리틱스Technopolitics, 더 나아가 디지털과 정치가 접목된 디지털폴리틱스Disitalpolitics의 세계를 선도해 나가면서 스마트 도시의 청사진을 그리고 있습니다.

9분 도시와 그린 사이드 월

 바르셀로나의 지리적 위치와 밀도는 도시의 지속 가능성의 주요 논제가 되어 왔습니다. 오랫동안 성장해 오면서 사용 가능한 모든 평평한 공간이 이미 많은 건축물로 채워지면서 공간적 한계를 경험했기 때문입니다. 물론 이러한 도시 구조는 항상 바르셀로나에 새로운 도전이 되어 왔고, 이를 통해 다양한 아이디어들이 반영되면서 오히려 도시를 한층 더 성장시키는 계기가 되기도 하였습니다. 최근에는 도시가 확장해 나가기에는 더 이상 공간적 여력이 부족해 도시 계획에 큰 장애가 되고 있습니다. 또한 도심은 대기 오염과 소음 공해를 겪고 있으며, 열섬 효과와 부단히 싸우고 있습니다. 바르셀로나의 강점은 이러한 문제 상황을 명확히 직시하고 다양한 방법들을 적용해 대안을 마련해 나간다는 점입니다. 여러 대안 중에서 바르셀로나가 세운 도시 전략 중 하나가 바로 친환경 생태 도시입니다.

 공원과 여가 공간이 많은 도시로 알려진 바르셀로나는 사실 녹지 공간이 매우 불합리하게 배치되어 있습니다. 약 80km²에 달하는 콜세롤라 공원Parc de Collserola은 서부 교외에 뻗어 있고, 도심 내 대형 공원들은 경사진 사면이나 일부 재개발된 지역에 배치되어 있습니다. 도심 지역의 녹지 공간이 협소하고 고르지 않게 배치되어 있습니다. 이를 해결하고자 제시한 것이 슈퍼 블록입니다. 도시의 녹지 공간을 늘리고 교통 혼잡을 최소화하기 위해 도입된 9분 도시의 개념으로, 블록 내에는 사람들이 걸어 다니도록 하면서 상권을 살리고, 탄소 배출량을 줄였습니다. 내부는 개방하여 생태 공간을 확보하고, 보행로, 놀이터, 광장 등을 조성하였습니다. 차량 통행은 지역 외곽으로 재배치하고 블록 내 기업을 위한 배송이 아닌 경우 차량 통행을 허용하지 않았습니다.

또한, 바르셀로나는 도심 내에서는 신축되는 건축물에 다양한 실험이 이루어질 수 있도록 지원하였습니다. 그중 하나가 수직 정원입니다. 그린 사이드 월$^{Green\ Side\ Wall}$이라는 프로젝트의 일환으로 진행된 베지텍쳐 ^{Vegitecture}는 건물 외벽을 녹화하여 도시 생태 환경을 복원한 대표적인 모델이 되었습니다. 24개 층에 걸쳐 4천여 그루의 식물이 식재된 호텔과 철근 콘크리트로 만들어진 광장으로 연결된 작은 공간에 정원이 구현된 빌딩도 수직 정원의 모델이 되었습니다. 수직 정원은 건물의 에너지 효율을 높이고, 건축 미관을 개선하였습니다. 뿐만 아니라 공기 질을 개선하고, 열섬 현상을 완화시키며 생태 다양성을 촉진하고, 도시 생태계를 회복시켰습니다.

229 Edificio Planeta

2004년부터 도시는 친환경적인 생태 공원을 구축하기 위한 프로젝트를 시작하였습니다. 프로젝트의 핵심은 시민들의 불만을 샀던 환경 오염원 중 하나였던 몽쥬익Montjuïc에 위치한 대규모 묘지를 친환경 생태 공원으로 변화시키는 것이었습니다. 층층이 폐품과 쓰레기가 쌓여 있던 묘지의 표면을 제거하고 친환경 재료를 활용하여 지형을 조성하였습니다. 도시는 수질과 대기 환경을 개선하고, 산책로와 자전거 도로, 공공시설과 문화 시설 등도 함께 구축하여 시민들을 위한 휴식과 문화 공간으로 변화시켰습니다. 다양한 식생들로 이루어진 자연 공원을 조성하면서 생물 다양성의 복원되었습니다.

일찍이 기후 위기의 심각성을 인식한 바르셀로나는 2018년 기후 계획을 수립해 도시의 모든 부문과 이동성, 주택, 식량, 물, 건강, 에너지 및 생물 다양성을 포함한 기후 변화와의 관계를 고려해 사회적 결속력을 다지고 도시의 지속 가능성을 확대해 나갔습니다. 2020년 도시는 기후 비상사태를 선포하고 2030년까지 온실가스 배출량을 40% 감축하고, 2050년까지 탄소 중립 달성을 목표로 제시하였습니다.

또한, 바르셀로나는 도시 생태계 및 기후에 부정적인 영향을 주는 관광을 일부 제한하는 그린 투어리즘Green tourism을 도입하였습니다. 특히 관광 성수기에 물 부족 현상과 에너지 과다 소비 현상이 발생하면서 이를 해결하기 위한 구체적인 방안도 제시하였습니다. 에너지 부족과 기후 변화에 대한 도시의 고민은 도시의 전체 전력 사용량의 30배에 달하는 지중해성 기후의 강한 태양열에서 해결책을 찾았습니다. 공공시설이나 공원, 고속도로 등에는 소형 태양광 패널을 설치하고 신축 건물이나 리모델링하는 건축물에 태양열을 설치하도록 조례도 제정하였습니다.

이처럼 바르셀로나는 도시의 지속 가능한 미래를 위해 친환경 생태 도시 전략을 체계적으로 추진해 나가면서 시민들의 삶의 질을 높여 나가고 있습니다.

우수한 고등 교육 시스템과 산학연 협력

국제적인 수준의 우수한 대학이 자리 잡고 있는 바르셀로나는 이들 대학의 연구를 지원하며, 공공 및 민간 기업 간의 협력을 통해 도시의 지속 가능성을 더욱 높여 가고 있습니다.

세르다, 가우디 등의 혁신적 발상이 바르셀로나를 창조적인 도시로 바꾸었던 것처럼, 교육의 핵심은 '창의력'입니다. 세계적인 축구 스타 메시를 길러 내었던 FC 바르셀로나 유소년팀에서 가장 중요한 교육 원칙이 '어른들의 불간섭'일 정도로 모든 교육의 분야에서 개개인의 창의성 키우는데 그 중점을 둡니다.[11] 바르셀로나는 정규 교육에서 학생들의 창의성 신장을 위한 다양한 교수 학습 프로그램 개발하여 이를 실천하고 적용하도록 돕고 있습니다. 삶의 주기에 따른 시민들의 창의성 교육의 중요성을 간파하고 학교 현장뿐만 아니라 평생 교육에서도 이를 실천하였습니다. 특히, 도시는 과학과 예술의 융합을 통해 혁신을 이끌 수 있는 문화적 과학자, 미래형 인문학적 소양을 겸비한 과학자를 배출할 수 있도록 인재 양성 프로그램을 개발하고 운영하였습니다.

---

11) 「메시의 창의」, 『동아닷컴』, 2016.03.16.

교육 분야에서 도시의 강점 중 하나는 우수한 고등 교육 시스템 구축에 있습니다. 바르셀로나대학, 바르셀로나자치대학, 카탈루냐폴리테크닉대학교, 폼페우파브라대학교 등 일반 대학을 비롯해 ESADE 비즈니스 스쿨, EADA 비즈니스 스쿨, IESE 비즈니스 스쿨 등 유럽 명문 비즈니스 스쿨 등이 젊은 인재를 도시로 유인합니다. 일반 대학과 음악학교 및 연구학교 등을 포함해 약 20만 명의 학생들이 고등 교육을 받으며 바르셀로나의 산업, 문화, 예술 등 각 분야에서 새로운 도약을 이끌었습니다.

특히, 바르셀로나는 예술 및 건축을 전공하는 학생들에게는 수도 마드리드보다 더할 나위 없이 매력적인 곳입니다. 이곳에서 예술과 건축, 그리고 디자인을 전공한 학생들을 세계 여러 도시와 기업에서 반기기 때문입니다.

먼저 1450년에 설립된 바르셀로나대학The University of Barcelona은 명실상부한 유럽을 대표하는 교육 기관이자 연구 기관입니다. 약 6만 5천 명의 재학생에, 약 5천 3백 명의 교수, 강사 및 연구원을 두고, 650여 개에 달하는 대학원 프로그램을 운영하고 있습니다.[12] 혁신 및 연구 중심 대학으로 스페인 대학 중 과학 분야의 선두 주자로 22@바르셀로나 지구에 관련 인프라를 조성하고, 공공 기관 및 기업들과 협력 체계를 유지합니다. 바르셀로나과학공원Barcelona Science Park, PCB에 기초를 둔 카탈루냐 생명공학연구소IBEC, 향후 연간 수십만 유로의 지원을 받는 우주과학연구소ICCUB 등 연구 활동도 진행 중입니다. 또한, 지식 기반 산업 부문의 산학연 협력을 통해 다양한 분야의 R&D 프로젝트를 진행하며 도시의 창조적 활동의 기반이 되었습니다.

---

12) Universidad Autónoma de Barcelona 웹사이트 (http://www.ub.edu/)

바르셀로나대학교

 1968년에 설립된 바르셀로나자치대학 Universidad Autónoma de Barcelona 은 약 55년이라는 짧은 역사에도 불구하고 QS의 500대 주요 대학 순위에서 190위에 오른 명문 대학입니다. 재학생 약 6만 명에, 교직원 약 3천 명 등 대학과 관련된 인구만 해도 7만 명에 달합니다. 주요 과정이 국가품질평가인증원ANECA의 인정을 받을 정도로 우수한 연구 환경을 자랑하는 박사 과정에만 약 4천 명의 재학생을 두고 있습니다. 여기서 배출된 인재들은 여러 첨단 기업에서 채용을 유치할 정도로 우수한 연구 수행 능력을 보여 줍니다. 대학은 지역 발전과 연계한 산학연 협력을 통해 과학기술 네트워크 환경을 조성하였고, 이를 통해 다양한 스타트업을 이끌어 내었습니다.

이처럼 도시의 대학들은 학문적인 자원과 교육적인 기반을 제공하며, 국제적 역량을 갖춘 인재들을 육성해 나가고 있습니다. 대학이 다양한 창업 지원 프로그램을 제공하고, 인큐베이터로서의 역할을 지원하면서, 인재들이 기술적인 아이디어를 상업화해 나갈 수 있었습니다. 또한, 지역과 협력해 디지털 기술과 창업 생태계를 함께 이끌어 나가면서 디지털 전환Digital Transformation의 시대를 선도해 나갈 수 있게 되었습니다.

문화 예술 기반 속에 피어난 관광 생태계

 '바르셀로나는 가우디가 먹여 살린다'고 비유할 정도로 바르셀로나는 분명 '가우디의 도시'입니다. 가우디 건축은 도시의 수많은 부분에 직간접적으로 연계되어 있습니다. 그로 인한 경제적 가치는 환산할 수조차 없을 만큼 큽니다. 가우디가 만든 건축은 단순히 관광객만을 유인하는 것이 아니라, 이를 모티브로 한 전시회, 파티, 사진전 등 다양한 문화 예술 산업과 연계됩니다. 즉, 바르셀로나는 가우디가 만든 풍경 속에서 매일매일 새로운 문화 장면이 펼쳐지는 무대입니다.

 일찍부터 바르셀로나는 '가우디'라는 문화적 기반 위에 다양한 체험 관광 요소를 개발하고, 각종 전시회 및 국제회의를 포함하는 지속 가능한 관광을 육성해 왔습니다. 1992년 하계 올림픽 개최 이후 성장하기 시작한 관광 산업은 이후 음악, 예술, 음식, 책, 과학 등의 행사가 개최되면서 그 규모는 급성장하였습니다. 또한 세계문화포럼Universal Forum of Cultures

과 세계도시포럼World Urban Forum 등 세계적 수준의 컨퍼런스 및 박람회 등 국제적인 행사를 개최해 오고 있습니다. 더불어 3만 5천m² 규모의 세계 무역센터World Trade Center Barcelona와 유럽 최대 규모의 하나인 피라 센터Fira de Barcelona venues 등에서도 다양한 국제 행사가 열립니다. 특히 2004년에 열린 세계문화포럼2004 Universal Forum of Cultures은 문화와 예술, 관광을 융합시켜 지속 가능한 도시의 모델로서 바르셀로나의 입지를 더욱 강화해 나갈 수 있는 계기가 되었습니다. 당시 테마형 축제와 축제 브랜드 육성을 도시 문화 계획의 핵심에 두었을 정도로 지속 가능한 관광은 이미 도시의 미래 산업이 되었습니다. 그 대표적인 예로 2009년 개최된 브랜더리 패션쇼The Brandery fashion show가 있습니다. 패션과 문화를 융합하여 패션 도시로서 바르셀로나의 위상을 높인 계기가 되었을 뿐만 아니라 더 나아가 패션을 관광 산업의 아이템으로 연계해 관광의 성장도 함께 동반하는 계기도 되었습니다.

바르셀로나는 2010년 창조 관광 네트워크Creative Tourism Network를 창설하면서부터 도시는 창조 관광을 위한 생태계를 구축하고 국제 협력 체계를 마련할 수 있었습니다. 예술가들의 다채로운 작품 활동을 돕고, 체험과 학습이 이루어지는 관광 프로그램을 제작하여 방문객들을 유인하였습니다. 방문객 누구나 재능을 펼칠 수 있는 무대를 준비하고 이들을 돕기 위한 서비스도 마련하였습니다.

또한 도시는 컨벤션 및 전시 센터 등을 포함한 여러 국제 행사를 개최하면서 인접한 문화유산 및 호텔 숙박 등의 산업도 더욱 촉진시킬 수 있었습니다. 관광 지출은 숙박과 음식료에 6만 5천 개의 일자리와 3천 개 이상의 레스토랑, 그리고 7천8백 개에 달하는 바와 카페를 만드는 원천이 되었습니다. 특히 음식료 부문에서는 외국인 관광객의 지출이 전체

지출의 약 30% 정도$^{London\ Development\ Agency,\ 2006}$로 관광 산업이 서비스 분야에 미치는 영향력은 상당했습니다. 또한 매해 바르셀로나에서 개최되고 있는 모바일 월드 콩그레스^{MWC}는 2006년부터 2018년까지 행사 유치권을 모두 선점하여 매년 30억 유로$^{약\ 3조\ 6천억\ 원}$의 관광 효과를 창출했습니다.[13] 매해 3천만 명 이상의 방문객이 찾아 도시의 다양한 재화와 서비스를 소비하면서 도시 경제에 상당한 영향을 미치고 있습니다. 올림픽 이전 국내 총생산^{GDP}의 약 2%를 차지했던 관광 산업의 비중은 이제 약 12%까지 올랐습니다. 관광 산업은 문화 예술과 마이스^{MICE} 등 다양한 연계 산업의 성장을 이끌며 도시의 독특한 매력을 창출을 돕고, 역동적인 성장을 이끌고 있습니다. 이러한 노력의 결과, 바르셀로나는 세계 10대 관광 도시의 반열에 오를 수 있었습니다.

FC 바르셀로나와 스포츠 네트워크

바르셀로나는 1982년 FIFA 월드컵, 1992년 하계 올림픽뿐만 아니라 월드 투어 테니스 대회, 세계 수영 대회, 바르셀로나 마라톤 등 국제적인 수준의 스포츠 행사를 지속적으로 개최해 온 스포츠 도시입니다. 바르셀로나를 움직이는 산업 중 하나가 스포츠일 정도로, 도시는 축구와 농구를 비롯해 핸드볼, 하키, 아이스하키, 풋살 등의 다양한 스포츠 분야의 팀을 운영하고 있습니다.

그중 단연 으뜸은 축구입니다. 세계에서 가장 위대한 스포츠 클럽 중

---

13) 「관광대국 스페인…MICE산업으로 날개 달다」, 『ktv』, 2017.01.05.

하나인 FC 바르셀로나가 이 도시를 연고로 합니다. 선수의 간격을 좁게 사용하고 그 사이에서 짧은 패스를 통해 공수를 전개해 나가는 일명 '티키타카'라는 전술을 창조해 낸 구단입니다. '클럽 그 이상의 클럽[Mes Que Un Club]'이라는 팀의 슬로건처럼 FC 바르셀로나는 하나의 브랜드로 문화 예술이며 관광 자원이 되었습니다. 더 나아가 스포츠 산업을 이끌며 도시의 경제의 한 축이 되었습니다. '건축에 가우디가 있다면 스포츠의 메시가 있다.'라는 말이 있을 정도로 메시가 뛰었던 FC 바르셀로나는 축구 클럽 그 이상의 의미를 지닙니다. 메시가 구단을 떠나기 이전 포브스[2021]에서 발표한 구단 가치에서 FC 바르셀로나는 47억 6천만 달러[약 5조 3천6백억]로 1위에 올랐습니다. 2019-2020시즌 수입도 약 10억 5천만 유로[1조 4천억 원]로 세계에서 가장 부유한 축구 클럽이 되었습니다. 관람 및 출전료는 재원의 일부일 뿐, 대부분의 수입은 세계 주요 방송사들의 중계권을 비롯해, 수많은 다국적 기업의 스포츠 의류 및 용품 판매로 이루어집니다. 특히, 선수 유니폼에 유니세프[UNICEF] 로고를 무료로 달았을 뿐만 아니라 매해 150만 유로 이상의 후원금 지원하고 유망 선수들을 훈련하고 육성하는 등 차별화된 사회 공헌 전략으로 브랜드 이미지를 더욱 강화시켰습니다. 클럽의 브랜드 가치는 세계적인 기업들과 전략적인 파트너십 체결을 이끌어 왔고, 상호 시너지를 창출하였습니다. 광고, 문화 행사, 이벤트 등 또한 상호 연계되어 밀착 관계를 형성하였습니다. 그중 하나가 충성도가 높은 클럽 회원이나 서포터즈의 활동입니다.

여타 유럽의 축구 클럽과는 달리 축구 후원자가 클럽을 소유하고 바르셀로나시가 직접 운영합니다. 클럽 후원자들은 2003-2004년 10만 명을 넘어선 이후 매해 증가해 2020년 수십만 명으로 급격히 증가하였습니다. 2021년 공식적으로 1천 3백여 개의 팬클럽을 두고 있습니다.

온라인에서 더 큰 힘을 발휘합니다. 페이스북 계정 팔로워 약 1억 3백만 명, 트위터 계정 팔로워 약 1천만 명 이상으로 가장 많은 소셜 미디어 회원 보유하고 있습니다. 이는 축구 클럽뿐만 아니라 도시 브랜딩과 마케팅에 미치는 영향력이 상당합니다. 실례로 캄프 누$^{Camp\ Nou}$ 리모델링 과정에서 후원자들의 이름을 벽돌에 새기는 마케팅으로 수천 명의 기부를 이끌어 내었습니다. 그 결과 캄프 누는 약 10만 명의 수용 능력을 갖춘 세계적인 규모의 경기장으로 재탄생되었습니다. 축구 경기 외에도 교황 방문 행사, 클래식 공연, 록 음악 콘서트 등 복합 문화 예술 공간으로 활용되면서 연간 100만 명 이상이 찾는 도시의 새로운 방문 명소가 되었습니다.

여기에 기업들은 모바일 콘텐츠 개발 및 통신 서비스를 제공하면서 모바일 서비스 콘텐츠 및 플랫폼 사업을 강화해 나갈 수 있었습니다. 경기 관람은 물론 문화 행사를 개최하고, 그 안에서 기업 홍보 이벤트를 진행하였습니다. 클럽과 기업, 클럽 회원들이 밀착 관계를 유지하면서 'FC 바르셀로나'라는 브랜드 홍보 효과를 극대화시켜 나갈 수 있었습니다. 축구 클럽을 활용한 마케팅 전략의 성공은 IT, 기업, 미디어, 광고, 패션, 관광 등 도시의 여러 부문과 긴밀하게 연계되어 거대한 시너지를 이끌고 있습니다.

결론: 바르셀로나의 지속 가능성 평가

바르셀로나는 다양성을 존중하는 사회 분위기와 독자적 도시 계획의 전통 속에 피어난 창조성을 기반으로 도시를 변화시켜 나가면서 지속 가능한 도시로의 성장을 이끌었습니다. 가우디의 건축을 중심으로 한 문화유산의 보존 및 활용, 낙후 지역에 대한 재생을 통한 문화 공간으로의 재탄생, 시와 주민 및 예술가들의 협력적 거버넌스의 실천, 첨단 산업 클러스터를 통한 창조 산업의 역량 구축, 지속 가능한 도시 전략으로서 스마트 도시의 추진, 문화 예술, 산업, 스포츠를 연계한 지속 가능한 관광의 실천 등을 통해 도시의 미래를 준비하였습니다. 바르셀로나가 미래 도시의 모델로 선도적 위치에 설 수 있었던 배경과 전략, 실천 등을 정리해 보면 다음과 같습니다.

첫째, 항구 도시로 성장한 바르셀로나는 다양성을 중요시하는 관용의 풍토가 저변에 확대되어 있었고, 일데폰스 세르다에 의해 선구적으로 조성된 도시 공간 구성에 대한 창조성이 밑바탕이 되었습니다. 카탈루냐 지방의 고유성을 유지하면서도 독자적인 문화를 구축함에 있어서 다양성을 인정하는 관용성이 저변에 깔려 있었으며, 이것은 도시의 창조성을 이끌어 내는 힘이 되었습니다. 또한, 도시를 재편하기 위해 지자체가 프로젝트를 적극적으로 추진해 나가면서 지역 주민 및 예술가들과의 협력을 기반으로 도시의 창조적 공간을 조성해 나갈 수 있었습니다. 도시 재편의 중심은 주민이라는 사고로 지자체는 공공 공간의 조성에 앞장섰고, 이 과정에서 낙후 지역은 주민과 협력해 문화 예술 공간으로 탈바꿈되었습니다. 무엇보다 도시 문화 계획을 추진하면서 공공-민간 부문이 제휴하여 유연한 조직 체계를 구성하여 창조적인 도시 계획이 실현될 수 있었습니다.

둘째, 도시의 독자적인 건축 문화유산을 보존 및 재생하면서 문화 예술 부문의 창조성을 높이고, 산업 클러스터를 구축하면서 신산업 분야의 혁신을 이끌었습니다. 바르셀로나의 옛 중심인 고딕 지구의 중세 건축, 도시의 랜드마크이자 세계 문화유산으로 지정된 안토니 가우디와 도메네크 몬타의 건축물 등은 현대 바르셀로나 문화 예술의 창조적 사고와 발상의 근원이 되었습니다. 또한, 창조 도시로의 전환을 위해 창조 산업을 발전시켜 왔으며, 다양한 인프라 바탕으로 산업 클러스터를 구축하였습니다. 출판 및 멀티미디어, 시청각 및 영화, 갤러리 및 전시회, 건축 및 산업 디자인, 섬유 엔지니어, 라이브 예술, 지역 도서관 및 영화관 등 창조 산업 분야를 유치하고 클러스터를 발전시켰습니다. 그 초석은 ICT산업을 활용한 '22@바르셀로나 프로젝트'의 추진을 통해 이루어졌습니다. 이로 인해 바르셀로나는 세계적인 혁신 도시로 올라설 수 있게 되었고, 도시 브랜드 역시 강화시켜 나가는 계기가 되었습니다.

셋째, 도시는 미래 성장 전략으로 스마트 도시를 목표로 두고 이를 본격적으로 실천하면서 도시의 지속 가능성을 키워 나갈 수 있었습니다. 혁신 지구 내 빅 데이터 기반이 리빙 랩이 되고, 도시 중심부의 교통 환경 개선을 위해서 스마트 모빌리티를 도입하였으며, 물 부족 문제를 해결하기 위해 스마트 워터그리드를 선도적으로 추진하였습니다. '데시딤 Decidim'을 통해 365일 24시간 시민들이 자유롭게 의견을 개진할 수 있는 플랫폼을 구축하고, 의견들이 정책에 반영될 수 있는 디지털 거버넌스를 실천하였습니다. 또한, 센텔로 기술을 활용하여 도시의 주차 및 교통 체증 문제를 해결하고, 에너지 소비량을 줄여 나가면서 스마트 도시를 이끌어 나가는 선도적 모델이 되었습니다.

넷째, 기존의 도시의 우수한 문화적 기반 위에 다채로운 문화 공간 조성, 재생, 육성시켜 나가면서 이를 관광 산업과 연계해 세계적인 관광 도시로 발돋움할 수 있었습니다. 1992년 바르셀로나 올림픽 이후 음악, 예술, 북, 음식, 과학 등의 축제를 개최하였고, 글로벌 도시 네트워크를 구축하여 유럽 도시 기구에서 문화 그룹의 의장을 맡았으며, 세계문화포럼과 세계도시포럼을 개최하는 등 문화와 예술, 관광을 융합시켜 지속 가능한 도시 모델로서의 입지를 더욱 강화해 나갔습니다. 도시 곳곳에 예술 작품을 설치하고 다채로운 체험형 관광 산업을 개발하고 타 산업과 연계해 나가면서 지속 가능한 관광을 실천하였습니다. 여러 국제 행사 및 전시회, 패션쇼 등을 개최하면서 도시는 유럽에서 런던과 파리 다음으로 많은 관광객이 찾는 명소로 발돋움할 수 있었습니다.

그러나 바르셀로나의 관광 산업 성장에 대해 찰스 랜드리[2009]는 비판적인 견해를 보이기도 합니다. 그는 바르셀로나가 창조성이 뛰어난 도시임에는 틀림없는 사실이지만 단순한 관광객의 증가로는 도시의 창조성을 평가하는 데 있어서 한계가 있다고 보았습니다. 하지만 바르셀로나의 관광객 수 증가를 단순한 양적 증가로만 본 그의 설명은 질적 평가는 제외한 것으로 보입니다. 바르셀로나의 관광 산업은 문화를 소비하고 예술을 체험하며 IT, 패션, 미디어 등 타 산업의 발전을 촉진시키는 동시에 도시 브랜드를 강화시키는 지속 가능한 관광이기 때문입니다.

물론 바르셀로나의 관광 산업은 여러 도시에 시사하는 바가 큽니다.

지속 가능한 도시의 모델로서 강점만큼 약점 또한 노출되고 있기 때문입니다. 2017년 실시한 여론 조사에서 시민의 약 19%가 오버투어리즘을 걱정스러워하고 있다는 결과가 발표되었습니다. 지난 20여 년 동안 관광 산업이 크게 성장했지만 주민들에게 실익이 없다는 이유에서입니다. 즉, 개인 자영업자들의 성장은 크지 않았던 반면 프랜차이즈 레스토랑이나 호텔 등은 큰 성장을 이뤘다는 의미입니다. 이로 인해 도심의 작은 상점이나 공방이 떠나면서 기존 원주민이 밀려나는 '베넥소더스Venexodus'14)라는 관광의 역설을 겪고 있습니다. 물론, 2020년부터 시작된 신종 코로나바이러스 감염증(코로나19) 여파로 관광 산업이 위기에 봉착하게 되면서 이에 대한 반감은 크게 줄었습니다. 또한, 바르셀로나 정부도 오버투어리즘의 폐해를 막기 위한 정책을 마련하면서 관광 산업의 새로운 부흥을 위해 그 역량을 더욱 강화해 앞으로 관광 산업의 새로운 모델을 제시하게 될 것으로 보입니다.

---

14) 베네치아(Venezia)와 대탈출(exodus)의 합성어로 지나친 관광객의 증가로 기존 도시민이 밖으로 쫓겨나게 되는 현상을 일컫습니다. 최근 젠트리피케이션을 관광과 연계시켜 설명하면서 투어리스티피케이션(Touristification: 투어리스트+젠트리피케이션)이라고도 합니다.

2부

이탈리아 볼로냐

도시 개관

볼로냐의 위치

볼로냐는 아펜니노 산맥 북쪽 기슭, 로마 시대에 만들어진 에밀리아가$^{Via\ Emilia}$에 자리 잡고 있습니다. 면적 140.7km², 인구 규모 약 39만 4천 명^{2021년}의 에밀리아로마냐$^{Emilia-Romagna}$ 주의 주도이자, 볼로냐 현의 현도입니다.

도시의 기원은 B.C. 6세기로 거슬러 올라갑니다. 당시 에트루리아인들이 이곳에 정착하여 마을이 형성되면서부터 볼로냐의 도시 역사가 시작되었습니다. 그 후, 성장을 거듭하면서 12세기에 독립하여 자치 도시가 되었고, 1506년부터는 교황령이 되었습니다. 나폴레옹 전쟁 시기를 제외하고는 이탈리아가 통일되기 전까지 로마와 교황권의 지배를 받았습니다. 14세기의 대문호 단테가 '세계에서 이보다 더 아름답고 자유로운 곳은 없다.'고 칭송하였던 도시가 바로 볼로냐입니다.

이탈리아 북부에 있는 볼로냐는 세기를 거슬러 다양하고 흥미로운 역사를 보여 줍니다. 도시 지역은 고대 이탈리아 문명을 이끈 에투르스칸^{Etruscan}으로 발달하기 시작했고, 로마 제국의 식민지 시대에는 에밀리아가$^{Via\ Emilia}$를 중심으로 도시가 성장하였습니다.

이후 중심가의 위치에 있던 에밀리아가는 마기오레가$^{Strada\ Maggiore}$, 리졸리^{Rizzoli}, 우고 바시$^{Ugo\ Bassi}$, 산 펠리체$^{San\ Felice}$ 등으로 이름을 바꾸어 왔습니다. 또한 아직까지도 로마 시대 당시 만들어졌던 그리드 패턴의 보도블록이 보존되어 있습니다.[15]

볼로냐는 탑의 도시로도 유명합니다. 도시 초기, 방위를 표시하기 위한 목적으로 만들어진 탑은 시간이 지나면서 권력과 부를 과시하기 위해 조성되었습니다. 탑을 건설하는 경쟁이 심하여 중세에만 무려 100여 개나 만들어졌을 정도였습니다. 지금도 도시에는 아시넬리^{Asinelli} 탑과 가리젠다^{Garisenda} 탑을 비롯해 20여 개의 탑이 남아 있습니다. 1100년대 아시넬리가※에서 만든 아시넬리 탑은 100년 후에 볼로냐 정부에서 인수하였습니다. 지하 약 2m, 지상으로 약 97m로 탑의 내부는 498개의 계단으로 이어집니다. 그 옆에 자리한 가리젠다가※의 탑은 단테의 『신곡』 지옥 편에서 포세이돈과 가이아 사이에서 태어난 거인 안타이오스에 비유되었을 정도로 높았습니다. 하지만 지진으로 지반이 무너지고 기울어지면서 높이를 낮춰 지금의 높이(약 48m)가 되었습니다. 비대칭을 이루는 아시넬리와 가리젠다, 두 탑은 지금까지 남아 도시의 랜드마크가 되었습니다.

---

15) "볼로냐", 위키피디아 (https://ko.wikipedia.org)

가리센다^{Garisenda}**와 아시넬리**^{Asinelli}

볼로냐의 중앙에 자리한 마조레 광장^{Piazza Maggiore}에는 시 청사인 코뮤날레 성을 비롯해 산페트로니오 대성당, 노타이 성, 반치 성, 포데스타 성 등의 문화유산이 남아 있습니다. 광장 중앙의 넵튠(포세이돈) 분수에는 삼지창을 들고 있는 넵튠이 그 위용을 자랑하고 있습니다. 볼로냐를 연고로 하는 슈퍼카 마세라티의 엠블럼이 바로 이 삼지창에서 탄생하였습니다. 고대 로마의 점령지였던 중심가, 비아 우고 바시^{Via Ugo Bassi}는 과거 파시스트 도시 계획의 전형적인 모습을 보여 줍니다. 비아 리졸리^{Via Rizzoli}는 카페, 은행, 상점 등이 집적하여 상업 거리로 형성되었습니다.

마조레 광장 Piazza Maggiore

역사 보존 지구에는 포르티코Portico라 불리는 주랑이 끝없이 이어져 있습니다. 유럽의 여러 지역에서 유학생들이 볼로냐로 유입되면서 주택이 부족해지자, 이를 해결하기 위해 도시는 인도 위에 포르티코를 세우고, 그 위에도 주택을 조성하면서 1층은을 보행로로 활용할 수 있게 하여 볼로냐만의 독특한 도시 경관을 갖추게 되었습니다. 포르티코는 말을 탄 채 돌아다닐 수 있도록 2.66m의 높이로 통일되었습니다. 길이는 약 38km로, 볼로냐의 도심 전체를 둘러쌓고 있어 '포르티코의 도시'로도 불리기 되었습니다.

중세부터 시작해 르네상스까지, 볼로냐 경제는 농업과 상업이 그 기반이 되었습니다. 산업 혁명 이후, 유럽의 산업 도시에 비해 볼로냐는 경제 성장이 지체되면서 제1차 세계 대전 이전까지도 불황이 지속되었습니다. 하지만 세계 대전 이후 전자, 기계, 섬유, 식품 등 제조업의 성장으로 공업 중심지로 변모하게 되었습니다. 현대에 들어서는 의료 기기,

세라믹 산업, 자동차(두카티의 본사가 위치함) 등의 고부가 가치 산업의 성장이 두드러졌습니다. 페라리와 람보르기니, 마세라티 등 세계적인 자동차 브랜드도 볼로냐와 같은 에밀리아로마냐주에 함께 자리를 잡았습니다.

볼로냐 경제의 핵심은 지역 경제에 기반을 둔 협동조합입니다. 약 8천 개에 달하는 협동조합은 에밀리아로마냐주에서 생산하는 경제 활동의 약 30%를 차지합니다. 볼로냐로 축소하면 그 비중이 약 45%에 달합니다. 흔히 '콥^{coop}'이라 부르는 협동조합도 이탈리아의 '코페라테^{cooperativa}'에서 기원한 것입니다. 협동조합은 자회사를 두기도 합니다. 낙농 협동조합이 세운 낙농 기업인 '그라나롤로^{Granarolo}'의 경우, 이탈리아의 우유 시장 점유율 1위, 요구르트 점유율 2위를 기록하고 있을 정도입니다.[16] 도시 인구의 3분의 2 이상이 협동조합에 소속되어 있고, 지역 내 국내 총생산^{GDP}의 약 45%, 사회적 서비스의 약 85% 정도를 차지하고 있습니다.[17] 2008년 세계 금융 위기, 2019년 코로나, 2022년 러시아-우크라이나 분쟁을 비롯해 이탈리아가 경제 위기에 직면할 때마다 협동조합은 자체적으로 기금을 조성하여 도시에 활력을 불어넣었습니다.

또한 도시는 '배우는 볼로냐$^{Bologna\ la\ Dotta}$'라로도 불립니다. 그 이유는 '모든 학문이 퍼져 나간 곳$^{Alma\ Mater\ Studiorum}$', 즉 학원의 원천인 볼로냐대학이 있기 때문입니다. 1088년 전 세계 최초로 설립된 대학교인 볼로냐대학교[18]에서는 지동설을 주장한 코페르니쿠스, 『데카메론』의 저자 보카치

---

16) 「이탈리아 볼로냐가 윤택한 이유」, 『시사인』, 2011.07.20.
17) 「협동조합으로 일하기, 여성 신문」, 『여성신문』, 2015.12.08.
18) 볼로냐대학의 설립는 1158년 신성 로마 제국의 황제 프리드리히 1세가 칙령을 통해 교육 기관으로 인정한 시점으로 보기도 합니다.

오, 『신곡』의 저자 단테 등과 같은 세계적인 석학이 배출되었습니다. 13세기 후반, 교회의 강한 반대에도 불구하고 세계 최초로 해부 실험을 진행했던 해부학 연구의 산실이기도 합니다. 현재까지도 문학, 의학, 자연과학 및 법학 분야에서 수많은 인재를 배출하고 있는 창조의 요람입니다.

볼로냐는 철도와 도로, 항공 등 모든 교통이 발달한 이탈리아 북부 교통 요지입니다. 철도 교통은 이탈리아 북부 지역의 교통 허브를 담당하고, 한해 8백만 명이 찾는 굴리엘모 마르코니 국제공항^{Guglielmo Marconi International Airport}은 이탈리아와 유럽 각지를 연결합니다.

지구주민평회 도입과 Bologna 2000 Project 실천

볼로냐는 정부에서 많은 권한을 위임받게 되면서부터 도시 위기 극복과 도시 성장을 위한 다양한 프로젝트를 전개해 나갈 수 있었습니다.

도시는 정부 주도의 공공사업을 줄여 나가면서 도시에 적합한 산업 정책을 추진하였습니다. 주 정부와 시는 세제 및 기술을 지원하고, 산업 네트워크 조성을 직접 이끌며 지역 산업을 육성하였습니다. 이와 함께 도시는 지구주민평회를 도입하여 시민들이 함께 도시 문제를 인식하고, 지속 가능한 방안을 찾을 수 있도록 참여 기회를 마련하였습니다. 문화 예술, 교육, 복지, 스포츠 등 다양한 분야에서 시민들이 직접 권한을 행사하고, 시민들이 도서관, 보육원, 극장 등을 운영할 수 있도록 하였습니다.

1980년대 지방 정부의 주도하에 진행된 도시 재생의 밑바탕도 역시 풀뿌리 민주주의에 근간을 두었습니다. "공간 제공-아이디어와 인재의 집적-교류에 의한 사업 및 기업 발전"의 순환 구조를 시 당국과 기획가를 비롯하여 디자이너, 예술가와 협력하였고, 시민들의 참여로 구현될 수 있었습니다. 행정의 역할은 시민이 요구하는 공간 지원과 지나친 간섭을 배제하도록 하여 아이디어가 자연스럽게 표출되어 교류할 수 있도록 하는 것이었습니다. 이로 인해 만들어진 지역 생산물은 자연스럽게 '고급스러움'이라는 이미지, 즉 브랜드 가치를 얻게 되었습니다.

이처럼 볼로냐는 지방 자치의 권한 위임으로 적극적인 도시 재생 정책을 수행할 수 있었으며, 소통을 중심으로 한 각 분야의 협조와 조합의 활동을 이끌어 내었습니다. '볼로냐 2000 프로젝트$^{\text{Bologna 2000 Project}}$'를 진행하면서 유럽 문화 수도로서의 역량을 확보하였고, 기능인들을 기반으로 한 소규모 공방형 기업들의 기술력 확보와 네트워크 형성 등을 통해 지속 가능한 도시의 기본적 토대를 마련할 수 있었습니다.

1990년대 중반 이후로 도시는 주민 참여도를 더욱 높이기 위해 전자 민주주의를 도입하였습니다. '아이퍼볼^{iperbole}'이라는 웹사이트를 통해 쌍방향 의사소통을 이루었고, 도시의 정보를 투명하게 공개하였습니다. 시민과 시민 간의 의사소통, 시민과 기관 간의 의사소통 등을 통해 시민들의 다양한 의견이 도시의 각 부문에 반영될 수 있도록 하였습니다. 이와 같은 웹 기반 네트워크의 도입은 볼로냐의 시민 커뮤니티를 더욱 확대시키는 계기가 되었습니다.

사회적 협동조합과 사회적 경제

　볼로냐는 시민들의 적극적인 도시 참여를 이끌어 내기 위해 '사회적 협동조합'을 법률로 제정하여 활동을 도왔습니다. 특히 지방 정부가 협동조합 운영에 필요한 자금의 60%를 지원하도록 하면서부터 시민들의 참여도는 더욱 커질 수 있었습니다. 더불어 행정적인 지원을 함께 뒷받침하면서 도시 내 여러 일자리가 창출되었습니다. 그 결과 도시 경제는 활력을 되찾게 되었고, 도시를 찾는 방문객들도 증가하게 되었습니다.

　본질적으로 볼로냐는 도시의 지속 가능성을 높여 나가기 위해 그 주체가 되는 시민들의 활발한 상호 교류의 무대를 마련하였습니다. 역시나 그 중심에는 '볼로냐 2000 위원회'가 있었습니다. 시장을 의장으로 한 위원회에는 이탈리아 정부와 주 정부, 현 정부, 볼로냐대학 등이 참여하였습니다. 이 위원회에서는 도시 문화의 가치를 높이고, 시민들과 함께 향유하기 위한 방안을 모색하였습니다. '커뮤니케이션과 문화'를 테마로 선정하여 도시 젊은이들의 자율적인 참여를 이끌어 문화 소비 수준을 증대시켜 나갔습니다. 다채로운 문화 예술 장면의 창출로 도시가 지닌 창조성은 더욱 빛을 내게 되었고, 도시 브랜드 가치는 향상되었습니다.

　도시에 협동조합의 수만 무려 1만 5천여 개, 볼로냐지역총생산[Grdp]의 45%를 차지할 정도로 볼로냐에서 사회적 협동조합의 영향력이 상당합니다. 주요 기업 50개 중 15개가 협동조합이고, 시민의 3분의 2가 한 곳 이상의 협동조합에 가입되어 있습니다. 도시의 실업률은 약 4%로, 이탈리아 전체 실업률 12%에 비해 매우 낮은 수준을 유지할 수 있었던 이유도 사회적 협동조합 덕분입니다.

사회적 협동조합에 참여한 볼로냐 시민들은 네트워크의 중요성은 깨닫고 함께 모여 연합체도 만들었습니다. 볼로냐를 대표하는 '레가코프 협동조합'은 다양한 분야의 협동조합이 상호 연합하여 규모의 경제도 실현하였습니다. 특히 연합체인 '올리브 나무'는 유럽의 중도 성향의 정권 탄생에 영향을 미칠 정도로 파급력이 대단했습니다. 또한 도시 경제뿐만 아니라 문화와 복지 부문의 정책에도 강한 영향력을 행사하였습니다. 이처럼 볼로냐의 협동조합은 상호 신뢰와 네트워크 체제를 기반으로 유기적 관계를 유지하며, 지역에서 발생하는 사회 문제를 함께 공유하고 협력해 나가면서 사회적 책임을 더해 가고 있습니다.

  또한 볼로냐의 협동조합은 사회적 경제와 긴밀하게 연관 관계를 이어 갔습니다. 협동조합을 통해 풍부하게 축적된 사회적 자본이 도시의 사회적 경제 활성화를 토양이 되었기 때문입니다. 물론 협동조합을 비롯해 사회적 기업, 마을 기업, 신용 조합, 비영리 단체 등 도시의 제3섹터 모두가 사회적 경제를 이끌어 나갔습니다. 일반 시장에서는 채우지 못했던 '인간성humanity'을 사회적 경제가 채워 나가면서 지표상으로 수치화하기 어려운 가치를 키워 나갔기 때문입니다. 즉 차별, 불평등, 산업, 기후 위기까지 다양한 도시 문제를 해결할 수 있는 지렛대로써 사람을 우선으로 두는 사회적 경제를 실천하며, 이런 선진 사례를 여러 도시와 함께 공유하고 있습니다.

공방형 기업군의 '기능인'과 수평적 네트워크 '패키지 밸리'

일찍이 볼로냐의 기업들은 독자적인 기술과 분업화를 통해 특정 제품을 생산하는 전문 기업으로 성장하였습니다. 그 시작은 제3의 이탈리아, 즉 '산업 지구'에서부터입니다. 산업 지구는 주로 5명 내외의 기능인 Artegiano19)들을 중심으로 성장해 온 소규모의 공방 형태의 기업들로 이루어졌습니다. 여기서 기능인들은 패션, 보석, 공예, 가구뿐만 아니라 첨단 산업 제품에까지 특화된 기술력으로 그 가치를 인정받은 창조 계층입니다. 이들을 중심으로 볼로냐는 기능성과 기술력이 뛰어난 제품에 디자인적 감성을 담아내면서 다품종 소량 생산의 패러다임을 열었습니다. 기능인의 강점은 뛰어난 기술력만이 아니었습니다. 'CNA'[20]라는 2만 명 이상이 가입된 거대 네트워크가 기술 혁신의 원동력이 된 것입니다. 특히 섬유 제품을 생산하는 '카르피'에서 전문적인 기술력을 바탕으로 고수익을 창출하였습니다. 소규모의 독자적인 네트워크를 통해 만들어진 제품은 기능성뿐만 아니라 브랜드 가치까지 인정받아 부가 가치를 극대화할 수 있었습니다. 더 나아가 협업으로 상품을 기획하고 전문적인 마케팅을 통해 이탈리아뿐만 아니라 전 세계로 시장을 확대해 나가고 있습니다.

---

19) 이탈리아어로 기능인을 아르티지아노Artigiano, 기능을 아르테Arte라고 하는데 이는 원래 미와 예술을 가리키는 단어입니다.

20) 에밀리아 로마냐주에서도 섬유 정보 센터CITER를 통해 패션 정보와 기술을 제공하여 영세 업체를 지원하였습니다(이두현, 2022).

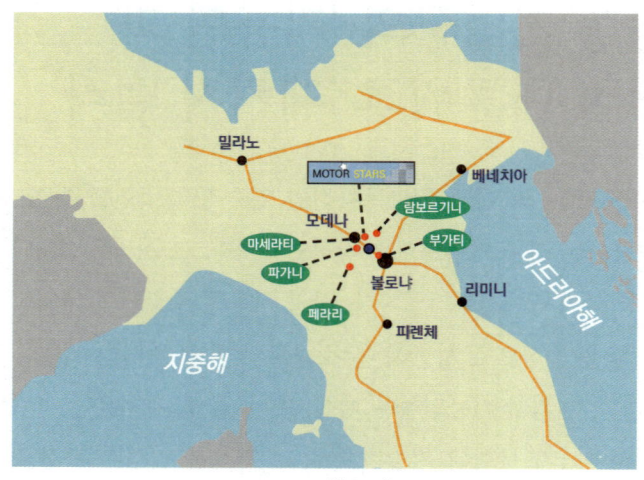

모터밸리 Motorvalley

　기능인을 중심으로 형성된 볼로냐의 산업 지구는 단순한 기업체의 집적에서 벗어나 산업 클러스터로 발전하였습니다. 섬유, 패션, 공예 등을 비롯해, 자동 포장 기계, 두카티와 페라리 등 명품 자동차에 이르기까지 산업의 전 영역을 아우르고 있습니다. 산업 지구는 중소기업 중심이었지만 독자적인 기술력으로 바탕으로 '패키지 밸리'로 일컫는 수평적 네트워크를 통해 전문화와 분업화를 이루었습니다(김태경, 2010). 패키지 밸리를 통해 기업들은 함께 기술을 공유하면서도 독자적인 기술 혁신을 이루며 지속적으로 높은 수준의 부가 가치를 창출해 낼 수 있었습니다. 이후 도시는 'MAMBO 프로젝트[21]'를 진행하면서 첨단 산업 부문의 성장도 함께 이끌었습니다. 낙후 지역에 신산업을 이식하여 창조 산업 중심으로 도시를 변화시켰습니다. 이는 산업 클러스터를 도시 재생과 연계하여 지역 경제를 활성화시킨 대표적인 프로젝트가 되었습니다.

---

21) 이탈리아의 북부에 비해 상대적으로 낙후된 남부 지역의 성장을 목적으로 했으나, 점차 확대되어 산업이 낙후된 모든 지역을 대상으로 진행되었습니다.

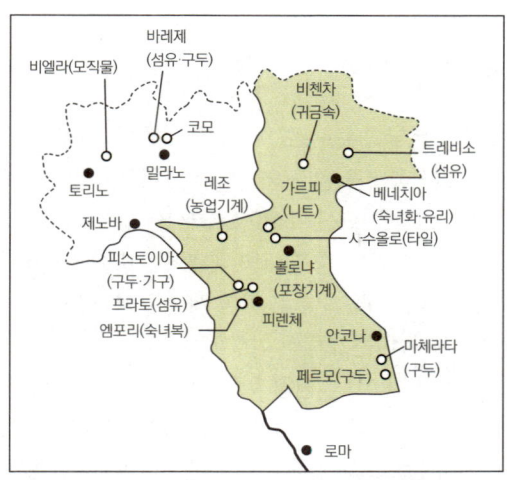

이탈리아 산업 지구 '제3의 이탈리아'
출처: 사사키 마사유키 저, 정원창 역(2004)

    그 결과로 볼로냐는 일찍이 1인당 국내 총생산이 5만 달러[2000년]를 넘어서게 되었습니다. 다만 2000년대 초반부터 이탈리아가 경기 침체를 겪으면서 시민들의 소득은 증가하기보다 약간 감소하였습니다. 그럼에도 불구하고 볼로냐는 오랫동안 뿌리내린 창조 산업이 근간이 되어 2010년대 중반 이후 도시 경제가 빠르게 회복되었습니다. 안정적인 경제 성장으로 최근 볼로냐의 임금 수준은 이탈리아 평균의 두 배에 도달하였습니다. 실업률도 3% 내외를 유지하면서 도시의 삶의 수준을 유지하고 있습니다. 한때 빈민들이 넘쳐나던 가난한 도시였지만, 도시가 지속 가능성에 투자하면서 볼로냐는 이제 전 세계를 대표하는 경제 모델이 되었습니다.

TIP 안전을 위한 볼로냐의 노력

볼로냐는 이탈리아 북부의 도시로, 마피아와 같은 강력 범죄와 도난, 성범죄, 소매치기 등 범죄에 취약한 지역입니다. 1980년 볼로냐 폭파 사건을 일으킨 무장 테러 조직원 출신 조직이 2014년 로마 검찰에 체포되었고, '은드란게타'라는 3대 마피아 중 하나의 대대적인 소탕 작전이 진행되어 볼로냐에서 117명이 체포되었습니다. 이를 계기로 범죄 단체의 성장을 저지하고, 도시 안전성을 높이는 노력이 이루어졌습니다.

2014년, 볼로냐는 인구 10만 명당 이탈리아 북부에서 3위인 7,420건의 범죄 건수를 기록했으나, 이후 범죄 건수는 감소했습니다. 하지만 2016년에는 다시 7천 6백 건으로 증가해 밀라노에 이어 2위로 올랐으며, 여전히 성범죄와 소매치기 등이 높은 수준을 유지하고 있습니다. 따라서 여전히 도시 안전성을 높이기 위한 지속적인 노력이 필요합니다.

볼로냐는 시민들의 삶의 질을 높여 나가기 위해 도시 안전성 강화에 노력하고 있습니다. 경찰 및 범죄 예방 단체와의 협력을 강화하고, CCTV와 같은 보안 시스템을 증강하여 범죄 예방을 강화하고 범죄자를 신속히 검거하고 있습니다. 또한, 인구 밀도가 높은 지역에서는 밤에도 안전하게 다닐 수 있도록 스마트 기술을 접목하는 등을 도시 안전성을 높이기 위한 다양한 조치가 이루어지고 있습니다.

붉은 도시와 포르티코, 그리고 도시 재생

'붉은 도시'로 불리는 볼로냐

유럽에서도 우수한 전통문화를 보존한 대표 도시로 손꼽히는 볼로냐는 도심의 공동화된 공간을 문화 공간으로 조성하면서 도시의 창조적 기반을 마련하였습니다.

19세기 말 대규모 도시 재건축 계획이나 1944년 제2차 세계 대전이 있었지만, 그럼에도 불구하고 볼로냐에는 중세 유럽 문화와 이후 르네상스 및 바로크 문화를 고스란히 보존되어 있습니다. 중세 시대 세워진 볼로냐대학을 비롯해 도시 곳곳에 붉은 벽돌로 세워진 건축물이 가득해 '붉은 도시[22]'로도 불립니다.

---

[22] 2차 대전 당시 이탈리아가 연합군에 먼저 항복하면서 독일의 나치가 무솔리니를 다시 내세워 괴뢰 정부를 세우게 되었습니다. 이를 저항하는 과정에서 볼로냐를 중심으로 사회주의자들이 레지스탕스 운동에 가담하게 되면서 사회주의자의 도시라는 의미로 '붉은 도시'로 부르기도 합니다.

오랜 역사와 전통을 배경으로 명성을 유지했던 도시는 1970년대 산업 공동화로 활력을 점차 잃게 되었습니다. 건물들은 낡고 허름해지고, 사람들이 떠나면서 인구마저 감소하게 되었습니다. 이에 볼로냐는 도심의 역사적 가치를 보존하면서 그 안에서 새로운 성장 동력을 발굴하는 전략을 세웠습니다. 1985년부터는 도심 지역을 6개 구역으로 나누어 재생 사업을 추진하게 됩니다. 특히 유럽 문화 수도 지정을 계기로 추진한 '볼로냐 2000 프로젝트'로 도심의 건축물도 재생되었습니다. 새로운 옷을 입기보다는 건축물을 복원하고 보존하여 도시의 역사 문화적 가치를 한껏 높였습니다. 중세부터 내려온 '포르티코portico·주랑·柱廊'에 둘러싸인 전통적인 거리 경관이 대표적인 사례입니다.

포르티코는 오래된 건축물에만 조성된 것이 아니라 도심 전역에서 조성되었습니다. 새로 짓는 건물이 사유지일 경우에도 건축 시 의무적으로 세우도록 하는 제도적 개선도 뒤따랐습니다. 시대별 건축물의 특성에 따라 포르티코도 고딕, 르네상스, 바로크 등의 양식을 반영하여 볼로냐의 역사적 발자취를 하나의 길로 연결하는 동맥이 되었습니다.[23] 이후, 이탈리아뿐만 아니라 전 세계적으로 그 특별한 가치를 인정받아 유네스코 세계 유산으로 등록되기도 하였

세계문화유산으로 지정된 포르티코portico

---

23) 「도시, 미래로 미래로 이탈리아 볼로냐」, 『동아일보』, 2009.10.08.

습니다. 시청 앞 마조레 광장에서 두 개의 탑과 볼로냐대학으로 이어지는 축을 따라 뒷골목 구석구석에는 소규모 공방들이 생겨났습니다. 이러한 공방들이 도시의 문화와 산업을 이끌면서 볼로냐는 새로운 활력을 되찾게 되었습니다.

 이와 함께 도시는 낙후된 도심의 토지를 매입하고, 구도심에 제빵 공장, 도축장, 담배 공장 등을 재생시켜 나갔습니다. 이들 시설은 외관은 그대로 유지하면서 내부는 시립 필름 보관소인 씨네테카[Cineteca], 볼로냐 현대미술관 '맘보[MAMbo, Museo d'Arte Moderna di Bologna]' 등 문화 공간으로 변화되었습니다. 역사적 문화재와 근대 산업 유산을 복원하여 문화 예술 지구를 조성하고, 이를 현대 문화 창조를 위한 통로로 활용한 것입니다. 도심에 자리한 주식 거래소는 보존 공사를 통해 이탈리아 최대의 디지털 도서관으로 탈바꿈되었습니다. '팔라조 레 엔조[Palazzo Re Enzo]'와 같은 중세 귀족들의 저택은 대규모 행사를 개최하는 장소로 새롭게 복원되었습니다.

볼로냐 현대미술관 '맘보'^{MAMbo, Museo d'Arte Moderna di Bologna}

볼로냐 2000 프로젝트 통해 공연장, 박물관, 상영관 등 100여 개에 달하는 문화 시설이 조성되었습니다. 또한 약 300개 콘서트홀과 약 200개의 도서관도 함께 조성되었습니다. 이렇게 문화적 하드웨어가 도시에 충실히 구축되면서 수백 회에 달하는 콘서트와 전람회를 비롯해 다채로운 실험적인 행사가 도시 곳곳에서 개최되었습니다. 이를 통해 시민들의 문화적 권리도 확보되고, 적극적인 시민 참여도 이끌어 낼 수 있었습니다.

창의성의 요람 '볼로냐대학'과 '볼로냐 프로세스'

일찍이 볼로냐는 청소년들의 전인적인 성장과 사회의 문화적, 경제적 인재 육성을 위해 다양한 진로 프로그램을 개발하고 관리하며 사회에 필요한 인재들을 육성하였습니다. 학교 현장에서는 학생들의 수요에 맞춘 교육 과정을 실행하였고, 시에서는 일찍부터 청소년들이 진로를 발견하고 계발할 수 있도록 전폭적인 지원을 아끼지 않았습니다. 학교 교육을 통해 청소년들의 최소 성취 수준을 높이고, 진로와 직업을 연계하여 협동조합에 참여할 수 있도록 하였습니다. 도시는 전통적인 장인 공예, 가죽, 금속, 악기 등 전문 분야의 기술을 청소년기부터 습득해 도시가 원하는 기능인으로 성장할 수 있도록 돕고 있습니다. 청소년들이 전문가 멘토를 통해 자신의 재능을 발견하고 계발할 수 있도록 전문가를 지원하는 것뿐만 아니라 보조금, 대출 등의 금융 지원을 제공하여 청소년들 스스로 협동조합을 만들고 활동할 수 있도록 다양한 지원을 하고 있습니다.

볼로냐대학교

또한, 볼로냐는 교육 기관의 우수성과 중간 규모의 도시 대학의 전형적인 삶의 양식은 많은 학생을 불러 모으고 있습니다. 젊은이들은 이곳에서 원기 왕성한 문화, 예술 및 엔터테인먼트의 매우 우수한 질적 경험을 즐길 수 있습니다. 그 중심에 1088년 설립되어 유럽에서 현존하는 가장 오래된 대학인 볼로냐대학$^{Università\ di\ Bologna24)}$이 있습니다. 중세 시대부터 시작해 유럽 지식인들을 오갔던 지적 활동의 중심지가 바로 이 볼로냐대학이었습니다. 초창기 대학의 시설들은 시 곳곳에 넓게 퍼져 자리 잡고 있었습니다. 수많은 단과 대학$^{콜레지오,\ collegio}$을 통해 세계 각국에서 온 유학생들이 다양한 분야의 지식을 습득할 수 있었습니다. 이곳에서 공부했던 유명한 인물로는 『신곡』을 쓴 단테를 비롯하여 페트라르카, 토

---

24) 2000년에는, 이 대학은 새로운 이름 알마 마테르 스투디오룸(Alma Mater Studiorum)이라고 지었는데, 학문의 모교라는 뜻입니다. 즉, 모든 학문이 퍼져 나간 곳이라는 뜻으로, 세계 최초의 대학임을 강조하기 위한 이름입니다. ("Bologna", 위키피디아 영어판)

머스 베켓, 교황 니콜라오 5세, 로테르담의 에라스무스, 지동설을 주장한 코페르니쿠스 등이 있습니다. 그 외에도 생물학적 전기를 발견한 루이지 갈바니, 무선 통신의 선구자 굴리엘모 마르코니 등[25]도 볼로냐대학 출신입니다.

 볼로냐대학에서는 매해 수천 명의 대학생이 학문을 연구하며, 시각예술·음악·영화·드라마 등 문화 예술의 경험을 쌓고 있습니다. 대학이 우수한 교육 시스템 속에서 다양한 연구 기회를 제공하기에 많은 학생이 도시로 유입되었습니다. 이렇게 성장한 인재들은 도시 경제와 문화예술 분야에 활력을 불어넣었고, 도시 성장을 촉진시켰습니다. 또한 볼로냐대학은 우수한 연구 시스템을 바탕으로 학문적인 성장을 이루어 나가며, 새로운 지식과 기술을 개발하여 인류의 다양한 문제를 해결해 나가고 있습니다. 여러 기관과 협력하여 다양한 연구 프로젝트를 진행하여 도시 내 기업 및 산업체에 혁신적인 아이디어를 제공하고, 새로운 비즈니스 모델 창출을 이끌었습니다.

 1999년에는 영국, 프랑스, 독일, 이탈리아 등 4개 유럽 연합 소속 국가들은 이곳에 모여서 한 볼로냐 선언을 통해 2010년까지 단일한 고등교육 제도를 설립, 유럽 대학들의 국제 경쟁력을 높이고자 볼로냐 프로세스Bologna Process를 운영합니다. 많은 국가가 이에 참여해 현재 회원 수가 무려 47개국에 달합니다.[26] 볼로냐 프로세스는 가맹국 내에서는 대학 졸업장 하나로 모든 나라를 넘나들 수 있도록 하는 네트워크로 유럽의 대학 경쟁력을 강화해 나가는 데 큰 기여를 했습니다(이두현, 2022).

---

25) Unibo웹사이트(http://www.unibo.it/)
26) EHEA웹사이트(http://www.ehea.info/)

유럽 문화 수도와 유네스코 창의 도시

 볼로냐는 2000년 유럽 문화 수도, 2006년 유네스코^{UNESCO}가 선정한 음악 부문 창의 도시, 2012년 유럽 프로그램 URBACT 'Creative SpIN$^{creative\ spillovers\ for\ innovation}$' 참여 도시로 국제 사회와 협력하며 도시의 창조성을 키워 나갔습니다.

 앞서 언급했던 것처럼 1995년 볼로냐는 2000년 유럽 문화 수도로 선정되었습니다. 이는 도시가 문화 예술 분야에 지속적인 노력을 기울인 결과인 동시에 관련 프로젝트를 이끄는 원동력이기도 하였습니다. 그 결과, 볼로냐는 빼어난 예술성과 우수한 기능성을 겸비한 감성이 살아 숨 쉬는 유럽을 대표하는 문화 도시로 변화될 수 있었습니다.

마조레 광장에서 열린 볼로냐의 행사 장면

2006년 볼로냐는 유네스코[UNESCO] 음악 부문 창의 도시로도 선정되었습니다. 천재적인 작곡가 로시니를 배출한 도시이며, 풍부한 음악 활동을 도시가 정책적으로 지원하면서 시민들의 일상을 음악이 있는 풍경으로 만들어 나갔기 때문입니다. 물론 수많은 예술가의 활동과 음악 협회의 지원도 큰 역할을 담당했습니다.

볼로냐 시 의회에 등록된 600여 개의 문화 협회 가운데 110여 개가 음악 협회이며 이들은 연구, 교육, 제작, 행사 기획, 라디오 프로그래밍, 공간 관리, 음악 관련 도구 거래 등의 분야에서 다양한 활동을 펼치고 있습니다. 아카데미아 필라르모니카[Academia Filarmonica]라는 음악 학교를 비롯하여 1763년 개관한 시립 공연장 테아트로 코뮤날레[Teatro Comunale], 음악 보관소 지 비 마르티니[G. B. Martini], 볼로냐대학교 예술 대학 예술·음악·쇼[Art, Music and Show(DAMS)], 국제 박물관, 음악 도서관 등도 음악 도시로서의 예술적 기반을 충실히 준비하였습니다.[27] 음악적 전통과 자산을 활용하여 볼로냐 재즈 페스티벌[Bologna Jazz Festival], 안젤리카[Angelica], 무지카 인시에메[Musica Insieme], 볼로냐 페스티벌[Bologna Festival] 등 창의성이 높은 축제를 구성하여 시민들의 문화 소비를 촉진시켰습니다. 이는 교육, 산업, 환경, 관광 등 도시의 다양한 부문과 연계되어 동반 성장을 이끌었습니다. 더불어 도시는 '볼로냐 국제 아동 도서전', '체르사이에[타일 인테리어 국제 전시회]' 등과 같은 컨벤션과 박람회도 이끌며, 명실상부한 문화 도시로 자리 잡게 되었습니다.

볼로냐는 유럽 프로그램 URBACT의 3년[2012년-2015년]간의 프로젝트로 진행된 'Creative SpIN[creative spillovers for innovation]'에 참여하였습니다. 몽스[프랑스], 로테르담[네덜란드], 코르[벨기에], 에센[독일], 코 시체[슬로바키아], 탈린[에스토니아]과 도스[포르투갈] 등이

---

27) 유네스코한국위원회 (https://www.unesco.or.kr/)

파트너 도시로 참여하였습니다. 여기서 볼로냐는 버밍엄^{영국}과 함께 프로젝트의 리더로서 기업 및 기타 공공 및 민간 조직의 혁신과 창의성을 육성할 수 있는 도구와 방법도 설계하였습니다. 도시가 지닌 전통적 문화 기반뿐만 아니라 두카티, 람보르기니 등 세계적인 명차를 생산하는 창조 거점으로서 도시를 소개하였습니다. 우수한 문화유산을 가진 도시이자 소규모의 창조 기업이 뿌리내린 도시로, 볼로냐는 이제 문화 도시의 표준을 이끌어 나가는 선도 모델이 되었습니다.

퀴어 프렌들리로 만들어 가는 다양성

전통적으로 다양성의 가치를 인정하는 사회 풍토는 볼로냐를 더욱 풍요롭게 만들었습니다. 특히, 인본주의적 가치를 기반으로 하는 볼로냐대학^{Unibo}은 진보와 관용 정신을 이상으로 합니다. 1945년부터 1999년까지 좌파 시장들이 집권했을 정도로 도시의 정체성은 거대한 진보 정신이 밑바탕이 되었습니다. 따라서 볼로냐는 개개인을 어떤 식으로든 평가하지 않습니다.

볼로냐 LGBT 축제 현장

이탈리아 정부는 동성애에 대해 보수적입니다. 2021년 반동성애혐오법$^{Zan-Law}$의 거부는 이탈리아가 아직까지 LGBTQ+ 커뮤니티에 대해 회의적이라는 사실을 보여 줍니다. 하지만 볼로냐에서는 자신이 동성애자라며 과시해도 이상하게 보는 사람이 없습니다. 파시스트의 박해를 받은 성 소수자를 기념하는 상징물을 최초로 제작하였을 정도로 볼로냐는 퀴어 친화적인 도시입니다. 도시 골목의 창문에도 무지개 깃발이 걸려 있고, 매년 6월에 열리는 게이 프라이드는 볼로냐의 시민들이 함께 즐기는 문화 행사가 되었습니다. 성 소수자에 대한 도시의 높은 관용도로 '이탈리아의 샌프란시스코'라는 별칭까지 붙여졌습니다.

일찍이 볼로냐의 관용적인 사회 풍토에 많은 청년이 이 도시로 몰려들었습니다. 1970년대 초 이탈리아 게이 운동의 시발점이 되었고, 1978년 이탈리아 최초의 동성애자 협회인 '동성애 문화 클럽'도 탄생했습니다. 이는 볼로냐뿐만 아니라 이탈리아 전역에 있는 동성애자들의 권리를 찾는 데에도 큰 영향을 미쳤습니다. 도시는 성 소수자의 권리를 인정하고 이들의 커뮤니티를 존중하며, 이들의 창조성을 높게 평가하였습니다. 성 소수자 커뮤니티를 도시 문화의 한 장면으로 인정하면서 볼로냐의 문화적 다양성은 더욱 풍요로워졌습니다.

이와 같이 볼로냐의 개방적인 사회 풍토는 도시의 창조성을 높여 나가는 사고의 기반이 되었습니다. 변화에 민감하게 반응하는 계층들이 볼로냐로 몰려오면서 도시는 더욱 빠르게 진화해 나갈 수 있었습니다. 도시 곳곳에서 펼쳐지는 이들의 열정으로 도시는 더욱 생기가 넘쳤고, 이는 도시에 새로운 인재를 유인하는 힘이 되기도 하였습니다. 이를 통해 도시는 첨단 산업뿐만 아니라 무용, 영화, 미술, 패션 등 문화 예술 분야에 혁신을 이끌어 나갈 수 있게 되었습니다.

도시 문제와 스마트 도시 미래 전략

볼로냐의 스마트 도시 전략은 당면한 도시 문제를 해결하기 위한 유용한 솔루션을 개발하고, 이를 통해 시민들의 삶의 질을 높여 나가는 데 목표를 두었습니다. 그 시작은 2012년 시와 볼로냐대학교, 애스터(Aster, 혁신 및 기술 이전에 전념하는 컨소시엄 회사)가 '볼로냐 스마트 도시' 프로젝트 플랫폼 구축에 함께 참여하면서부터였습니다.

사실, 볼로냐는 이미 오래전부터 스마트 도시 시스템을 구축해 왔습니다. 1990년대 아이퍼볼 시빅 네트워크$^{Iperbole\ Civic\ Network}$를 구축하여 전자 정부 서비스의 시대를 열었고, 이후 공공 서비스를 디지털화하였으며, 시민을 위한 공공 액세스와 무료 인터넷도 활성화하였습니다. 도시의 스마트 도시 전략은 사회, 교육, 건강, 환경 등 시민들의 기본 권리를 보장하기 위한 방법으로 제안되었습니다. 공공 행정, 연구 기관, 대학, 기업 등이 협력하여 혁신적인 프로젝트를 진행하였습니다.

볼로냐는 스마트 도시 플랫폼을 조성해 나가기 위한 첫 시작을 위해 문화유산(역사적 중심지와 문화유산, 아케이드 및 관광의 개선 및 재개발), Iperbole 2020 Cloud & Crowd(클라우드 기술 및 통합 디지털 ID를 기반으로 Iperbole Civic Network 재설계), 스마트 네트워크$^{Smart\ Grid,\ Ultra\ Wide\ Band\ Fiber\ to\ the\ Home,\ Smart\ Lightning}$, 지속 가능한 이동성(지능형 전기 이동성

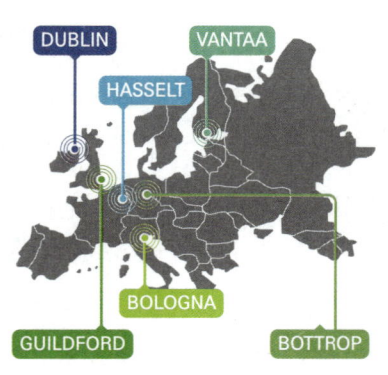

아이스케이프^{iSCAPE}

네트워크의 개발), 안전하고 지속 가능한 이웃(에너지 효율성 및 생산을 위한 공공 및 민간 자산 구조 조정, 건물 안전 모니터링, 폐기물 관리, 사회 주택, 가정 자동화, 공동 작업, 지식 근로자 및 연구원을 위한 서비스 및 새로운 환경), 건강 및 복지(e-care, e-health, 프로세스 최적화 및 비즈니스 인텔리전스), 교육 및 기술 지도(교육 프로젝트 개발, 새로운 기술 및 과학 문화 촉진) 등 7가지의 핵심 영역을 제시하였습니다.

또한, 도시는 2016년부터 대기 오염과 기후 변화에 대응하여 더블린, 길드포드, 보토롭 등 유럽 내 6개 도시와 협력하여 친환경 인프라를 구축하는 '아이스케이프^{iSCAPE}' 프로젝트를 진행하고 있습니다. 이는 '일상 실험실', '살아 있는 실험실'로 주목받고 있는 '리빙 랩$^{Living\ Lab}$'을 중심으로 진행되었습니다. 정부, 시민 사회, 민간 기업이 모여 파트너십을 구축하여 녹지 조성 프로젝트, 인프라 구축, 기후 인식 제고 등에 관련된 기술과 서비스, 시스템 등을 개발하고 그 성과를 공유하고 있습니다.

사회적 상호 작용과 소속감을 상징하는 광장은 볼로냐의 도시문제 해결에 있어서 창의적이고 협업적인 힘, 즉 페르소나가 되었습니다. 이러한 광장의 역할은 이제 볼로냐의 스마트 플랫폼 안으로 들어오게 되었습니다. 당면한 도시 문제를 해결하기 위한 유용한 솔루션을 개발하고, 도시의 지속 가능성을 높여 나가기 위한 스마트 도시 전략이 볼로냐의 미래 광장입니다.

결론: 볼로냐의 지속 가능성 평가

볼로냐는 '볼로냐 2000 프로젝트'을 통해 유럽 문화 수도로서 도시에 생동감을 불어넣고, 창조 산업 클러스터를 통한 도시 경제의 역량을 높이는 한편, 스마트 도시 전략을 선도적으로 추진해 나가면서 도시의 지속 가능성을 확보할 수 있었습니다. 또한 붉은 도시와 포르티코 등으로 소개되는 전통문화의 보존 및 활용, 낙후 지역 재생을 통한 문화 공간의 조성, 민관 협력의 모델인 된 거버넌스 역량과 우수한 사회적 협동조합 기반, 기능인을 중심으로 한 소규모 공방형 기업과 기술력을 갖춘 제조업 분야의 클러스터를 통한 창조 산업의 역량, 대학 및 연구 기관의 협력 등을 통해 도시의 미래를 준비하였습니다. 볼로냐가 미래 도시의 모델로 선도적 위치에 설 수 있었던 배경과 전략, 실천 등을 정리해 보면 다음과 같습니다.

첫째, 볼로냐는 분권화의 토대 위에 세워진 창조적 도시 전략과 협동조합을 기반으로 한 시민들의 적극적인 사회 참여로 민관 협력과 혁신을 이끌었습니다. 볼로냐는 경제적 위기 상황 속에서 정부에게 권한을 위임받아 다양한 프로젝트를 실천하였습니다. 도시는 기업에 각종 세제 및 기술을 지원하고, 산업 네트워크를 이끌며 도시 경제를 재건하였습니다. 특히, '볼로냐 2000 프로젝트'를 통해 낙후 지역을 새로운 창조 공간으로 재생시켜 도시의 문화적 가치를 높였습니다. 더불어 지구주민평회를 도입하여 주민 참여를 이끌어 내었고, 시민들의 새로운 경제 기반이 되었던 사회적 협동즈합을 통해 시민들이 다양한 사고와 요구가 도시 정책에 반영될 수 있도록 하였습니다.

둘째, 볼로냐는 독자적인 기술과 분업화를 통해 특정 제품을 생산하는 전문 기업의 성장과 기업 간 협력을 통해 형성된 패키지 밸리를 구축하면서 도시 경제의 기반을 마련할 수 있었습니다. 독자적인 기술을 보유한 기능인을 중심으로 형성된 소규모 공방형 기업들은 'CNA'라는 네트워크를 구축하면서 산업의 기반을 다졌습니다. 개별 기업들이 상호 수평적인 관계에서 기업 간 협력을 통해 형성된 '패키지 밸리'는 기업의 기술 공유와 독자적인 기술 혁신의 기반이 되었습니다. 이렇게 특화된 산업 지구 복합체는 산업 클러스터를 발전하였고, 이후 멀티미디어 산업 지구로도 성장하였습니다. 독자적인 네트워크를 통해 만들어진 제품은 기능성뿐만 아니라 브랜드 가치까지 인정받게 되면서 도시 경제의 지속성을 키워 나갈 수 있었습니다.

또한 유럽에서 가장 오래된 역사를 지닌 볼로냐대학은 도시의 창조적 기반이 되었습니다. 수많은 대학생이 기초 학문 분야를 연구하고, 각종 문화 예술 분야에서 다채로운 경험을 쌓았습니다. 이렇게 배출된 인재들이 도시 경제와 문화 예술 분야에 활력을 불어넣었고, 도시 성장을 촉진시켰습니다. 여러 기관과 협력하여 진행된 프로젝트로 도시 내 기업 및 산업체에 혁신적인 아이디어를 제공하였고, 새로운 비즈니스 모델도 창출하였습니다.

셋째, 볼로냐는 역사적 의미를 지닌 문화유산을 보존 및 활용하고, 문화 예술 분야를 육성해 나가면서 문화 도시로서의 역량을 키워 나갈 수 있었습니다. 중세부터 내려온 포르티코에 둘러싸인 전통적인 거리 경관을 보존하고, 수백여 개의 공연장·박물관·상영관 등 문화적 하드웨어도 구축하였습니다. 또한, 2000년 유럽 문화 수도, 2006년 유네스코^{UNESCO}

가 선정한 음악 부문 창의 도시, 2012년 'Creative SpIN^{creative spillovers for innovation}', 볼로냐 재즈 페스티벌^{Bologna Jazz Festival}, 안젤리카^{Angelica}, 무지카 인시에메^{Musica Insieme}, 볼로냐 페스티벌^{Bologna Festival} 등의 다양한 분야의 행사를 추진하면서 볼로냐는 유럽을 대표하는 문화 도시로 변화될 수 있었습니다.

넷째, 볼로냐는 당면한 도시 문제를 해결하기 위한 솔루션을 개발하고 이를 적용해 시민들의 삶의 질을 높여 나가면서 선도적 스마트 도시가 되었습니다. 스마트 도시 전략은 사회, 교육, 건강, 환경 등 시민들의 기본 권리를 보장하기 위한 방법으로서 제안되어 혁신적인 프로젝트를 이끌었습니다. 스마트 도시 플랫폼을 조성해 나가기 위해 문화유산, 지속 가능한 이동성, 안전하고 지속 가능한 이웃, 건강 및 복지, 교육 및 기술 지도 등 핵심 영역을 제시하였습니다. 또한 유럽 내 도시들과 협력해 대기 오염과 기후 변화에 대응한 친환경 인프라를 구축하는 '아이스케이프^{iSCAPE}' 프로젝트를 진행하였습니다. 교통 체증 및 에너지 문제뿐만 아니라 인구, 안전, 교육, 환경 등 다양한 분야에서 스마트 기술을 접목해 도시 문제를 해결해 나가면서 도시의 지속 가능성을 높여 나가고 있습니다.

3부

핀란드 헬싱키

도시 개관

헬싱키 위치

'발틱의 딸Daughter of the Baltic', '발트해의 진주'로 불리는 헬싱키는 핀란드 남부 반도의 끝단에 위치하고 있습니다. 315개의 섬으로 구성되어 있으며, 도시 내 수십여 개의 자연 보호 구역을 두고 있습니다. 면적 680.12km², 인구 규모 약 65만 명 2022년 기준으로 핀란드의 정치와 경제, 교육, 문화 및 연구 중심지입니다. 언어는 핀란드어와 스웨덴어를 공식 언어로 사용합니다. 헬싱키는 에스포Espoo, 반타Vantaa, 카우니아이넨Kauniainen 등 12개의 자치 단체로 형성된 인구 규모 약 150만 명의 대도시권 중심 도시입니다.

헬싱키는 1550년 스웨덴 구스타프 1세King Gustav I에 의해 무역 도시로 성장하였습니다. 이후 도시는 가난, 전쟁, 질병에 항상 시달렸습니다. 특히, 1790년에는 강력한 전염병이 도시를 강타하면서 도시민 대부분이 사망하게 되었습니다. 한편, 1809년 핀란드는 러시아 제국의 자치 대공국으로 발전하기 시작했습니다. 1812년에는 스웨덴의 영향을 줄이기 위해 러시아의 황제 알렉산더가 핀란드의 수도를 상트페테르부르크 가까이 있는 헬싱키로 옮기면서 본격적인 발전의 토대가 마련되었습니다. 이후 도시는 1910년대 후반, 러시아에서 독립하여 지금까지 핀란드의 수도로 성장하였습니다.

   헬싱키는 삼면이 바다로 둘러싸인 항구 도시입니다. 북항을 중심으로 동쪽 연안부와 서항 주변은 조선·섬유·식품·금속·기계·도기의 산업이 발전하면서 도시 성장을 이루었습니다. 기능적으로 분리된 남항, 북항, 서항은 각각 여객과 수출입을 담당하였습니다. 겨울 바다가 어는 일이 종종 발생하지만, 쇄빙선을 통해 항구의 기능을 유지하고 있습니다.[28]

헬싱키항

---

28) "헬싱키", 네이버 지식백과사전

헬싱키의 도시 계획은 칼 루드 엥겔$^{Carl\ Ludvig\ Engel,\ 1778-1840}$에 의해 세워졌습니다. 그는 도시 중심에 의원 광장$^{Senate\ Square}$을 두고 1800년대 중반까지 대통령궁$^{Government\ Palace}$, 헬싱키대학$^{Helsinki\ University}$, 성당^{Cathedral} 등 여러 신고전주의 건축물을 설계하였습니다. 그의 사후, 도시는 낭만적 민족주의 사조의 영향을 받게 되었고, 이로 인해 일부 지역에서는 아르누보^{artnouveau} 스타일의 건축 경관을 나타내고 있습니다.

헬싱키의 주요 명소로는 중심 거리인 알렉산테린카투 거리$^{Aleksanterinkatu29)}$, 헬싱키 중앙역인 라우타티엔토리^{Rautatientori}의 광장, 핀란드 역사상 가장 큰 단일 건설 프로젝트로 재개발 지역인 캄피 센터$^{Kamppi\ Centre30)}$, 헬싱키 교외 개발 지역인 파실라^{Pasila}와 칼라사타마^{Kalasatama}, 헬싱키 항만과 섬 등이 있습니다.

파실라^{Pasila}

---

29) 1832년 러시아 황제 알렉산더 1세의 서거를 기념에 이름 붙여진 거리입니다.
30) "Kamppi Center", 위키피디아 영어판

쇼핑 및 패션의 중심지인 알렉산테린카투 거리는 리따리후오네 귀족 회관, 헬싱키 대성당, 노르디아 은행 본점, 헬싱키대학교 본관, 대통령 궁 등 자리한 헬싱키의 대표적인 관광지입니다. 라우타티엔토리 광장에는 핀란드 최대의 국립 미술관인 아테네움 미술관과 핀란드 국립 극장 등이, 남항 일대에는 대통령 관저, 시청, 스웨덴 대사관 등이 자리하고 있습니다. 북쪽에 위치한 시 중심 광장에는 헬싱키대학, 러시아 양식의 대성당, 정부 기관 등이 있습니다. 특히 국립박물관, 국회의사당, 음악당 등이 자리한 시가지는 근대적인 건축물과 기독교 건축물이 조화를 이룹니다. 도시에 자리한 건축물이 서로 조화를 이뤄 '발틱의 아가씨'라는 별칭까지도 붙여졌습니다.

교통 여건으로는 철도, 지하철, 트램, 버스, 택시 등 다양한 수단이 운영되고 있습니다. 특히 철도는 핀란드 내외는 물론, 국제 철도와도 연동되어 있습니다. 항공은 핀란드의 항공사인 핀 에어가 전 세계로 항공편을 운영하고 있어 국제적인 교통망에도 속합니다.

20세기 전반 동안 핀란드는 격동의 시기를 지났음에도 불구하고, 헬싱키는 꾸준히 성장해 왔습니다. 1952년 XV올림픽의 개최는 국제 사회에 헬싱키를 널리 소개할 수 있는 계기가 되었습니다. 여러 차례 전쟁을 겪으면서도 느리지만 천천히 도시는 성장을 지속하였습니다. 1970년대 이후, 도시로의 집중 현상으로 수도권의 인구가 급증하게 되었습니다. 1990년대 이후로도 수도권으로의 흡인 요인들이 커지면서 헬싱키는 핀란드뿐만 아니라 유럽에서도 인구 성장률이 높은 도시가 되었습니다. 또한 2011년 모노클레 매거진$^{Monocle\ magazine}$의 '2011 살기 좋은 도시 지수'에서는 가장 살기 좋은 도시로, 2015년 이코노미스트 인텔리전스 유닛$^{Economist\ Intelligence\ Unit}$의 거주 적합성 조사에서는 세계 10대 도시로도 선정되었을 정도로 삶의 질이 매우 높은 도시입니다.

변화의 주체가 된 '헬싱키 클럽'

1990년대 핀란드의 경제가 침체되면서 심각한 경제 위기에 직면한 헬싱키는 새로운 성장 전략이 필요했습니다. 헬싱키는 도시 문제 해결에 대한 해법을 창조성에 두고, 이에 기반한 도시 비전과 전략을 추진하였습니다. 이 전략적 사고의 중심에는 싱크 탱크인 '헬싱키 클럽'이 있습니다. 시장, 교구의 목사, 종교 단체의 지도자, 민간 기업 등이 그 구성원인 헬싱키 클럽은 헬싱키뿐만 아니라 수도권의 자치 단체장들이 함께 참여하게 되면서 도시의 새로운 경쟁력이 되었습니다.

1997년 헬싱키 클럽은 '성공 전략과 헬싱키 지역의 파트너십 프로젝트'라는 보고서를 발표하여 지역 전략의 첫 번째 씨앗을 뿌렸습니다. 이 보고서를 기반으로 여러 협력 프로젝트가 실현되었습니다. 그 후 2002년에는 '헬싱키 클럽 2'가 만들어져 공통의 비전과 지역 전략 라인을 공식화하였고, 2003년 이를 발표하였습니다. 시 의회는 창조적인 도시 헬싱키의 개발에 있어 지식 기반과 경제, 문화, 국제화의 세 가지 요소를 담았습니다. 이를 통해 헬싱키는 지식 경제 중심의 성장을 추진하면서 도시 전반에 걸쳐 혁신과 창조적 발전을 이루어 내었습니다. 이는 헬싱키가 도시의 지속 가능성을 유지해 나가는 데 있어서 가장 기본적인 전략이 되었습니다.

TIP 안전을 위한 헬싱키의 노력

헬싱키는 2016년 세계적인 컨설팅 회사인 머서[MERCER, www.mercer.com31)]가 조사한 세계에서 안전한 도시 순위에서 룩셈부르크에 이어 두 번째에 올랐습니다. 이 조사는 내부 안정성, 범죄 수준, 지역 법 집행 성과 및 다른 국가와의 관계 등에 대한 다각적인 평가가 이루어졌으며, 헬싱키는 모든 부문에서 우수한 평가를 받았습니다. 이러한 결과는 도시가 시민들의 삶의 질을 높여 나가기 위해 무엇보다 안전을 최우선으로 고려하였기 때문입니다.

헬싱키는 비상사태, 사고, 범죄 및 장애를 줄이면서 일상의 안전을 향상시키고, 안전과 일반의 신뢰를 높이는 것을 도시 안전의 목표로 세웠습니다. 도시는 유럽에서 가장 안전한 국가가 되는 것을 목적으로 안전 증진, 안전한 주거 환경 조성, 폭력 감소, 아동 및 청소년을 위한 안전 향상의 네 가지를 우선순위로 선정하였습니다. 도시에서 발생하는 폭력 및 사고를 방지하기 위해 헬싱키는 별도의 인력을 배치하였습니다. 또한 모든 도시 생활에서 시민들의 복지를 향상시키고, 사회적 배제를 방지하기 위한 서비스를 제공하면서 도시 안전을 지켜 가고 있습니다.

세계적 수준의 대학 교육과 헬싱키 과학 회랑

창조성과 자율성에 기반한 헬싱키의 교육 시스템은 지식 기반 경제의 기초가 되었습니다. 헬싱키의 학생들은 국제 학력 평가인 PISA(PISA, Programme for International Student Assessment)에서 매년 높

---

31) "Local safety planning", Hel 웹사이트 (http://www.hel.fi/)

은 성적을 기록하고 있으며, 그 결과 핀란드는 전 세계 창의 교육의 선진 모델이 되었습니다. 더불어 도시는 유소년부터 노년 시기까지 다양한 분야의 지식을 접할 기회를 제공하고 있습니다. 또한 광범위하고 창의적인 교육 시스템을 통해 학생들은 자신의 잠재력을 개발하고 능력을 발휘할 수 있습니다.

초중등 교육에서는 전통적인 교과 과정보다 학생들의 호기심을 자극하고 자발적인 학습을 장려하는 방식의 수업이 진행됩니다. 학생들의 개인적인 성장과 관심사에 주목하고, 학생들이 자기 주도적으로 개별적인 학습 계획을 수립하고 선호하는 학습 방법을 선택할 수 있도록 돕습니다. 과목 간 경계를 허물고 다양한 학문 분야를 융합적으로 접근할 수 있도록 이끌어 이를 통해 학생들이 문제 해결을 위한 다양한 관점과 접근 방식을 개발할 수 있도록 지원합니다. 학생들은 주어진 문제에 대해 자유롭게 생각하고 해결 방법을 찾는 과정을 경험하게 됩니다. 또한, 팀 프로젝트나 협업을 통해 학생들은 창의적인 아이디어를 발전시키고 협력적으로 문제를 해결하는 능력을 함양하도록 지원하면서 미래 사회에 필요한 인재를 배출합니다.

헬싱키대학

도시의 창조적 사고의 중심에는 창의성의 요람, 헬싱키대학이 있습니다. 세계 대학 순위를 제공하는 ARWU[Academic Ranking of World Universities]에서 세계 100대 대학으로 선정된 헬싱키대학은 1640년 투르쿠[Turku]의 왕립 투르쿠아카데미[Royal Academy of Turku]에서 시작되었습니다. 1828년 헬싱키로 옮겨져 핀란드알렉산더제국대학[Imperial Alexander University of Finland]으로 이름 붙여졌고, 1917년부터 지금의 이름으로 불리게 되었습니다. 헬싱키대학은 오랫동안 핀란드의 정치, 법, 문화의 중심 무대가 되었고, 핀란드의 독립 과정에서는 독립 운동과 자유주의 운동, 학생 운동의 원동력이 되었습니다. 프란스 실란페[1939, 문학], 아르투리 비르타넨[1945, 화학], 랑나르 그라니트[1967, 의학] 등의 노벨상 수상자를 비롯한 학자와 연구원 등을 배출한 학문의 요람입니다. 현재 약 4만 명의 학부생과 대학원생이 재학 중이며, 20여 개의 부설 연구소를 두고 있습니다. 대학의 강점 중 하나는 대학 건물이 도시 내 여러 지역에 산재되어 있다는 점입니다. 이를 중심으로 각 지역마다 클러스터가 형성되어 각각의 기업들과의 협력 무대를 만들어 나갈 수 있었습니다. 연구 자금은 국가에서 지원하기에 이를 기반으로 다양한 실험들이 이루어집니다. 교수 및 전문가들과 교류하는 '소크라테스, 레오나르도 다빈치와 템프스' 등의 프로그램을 통해 대학은 창조적 인재를 배출하며 이는 도시와 기업에 새로운 활력을 불어넣는 중요한 기반이 되고 있습니다.

2010년 헬싱키 인근 엑스포에 설립된 알토대학은 핀란드 경제를 부활시킨 스타트업의 산실입니다. 이 대박은 헬싱키공대와 헬싱키예술디자인대, 헬싱키경제대를 통합한 최초의 혁신 대학입니다. 창업에 필요한 과학 기술과 디자인, 비즈니스를 통합한 다학제 대학으로, 매년 100여 개의 스타트업이 이곳에서 탄생하였습니다. 이곳에 자리한 오타니에

미 혁신 단지는 세계 유수의 IT기업과 스타트업이 모인 산학연 클러스터로 성장하여 핀란드 연구 개발의 중심지가 되었습니다.

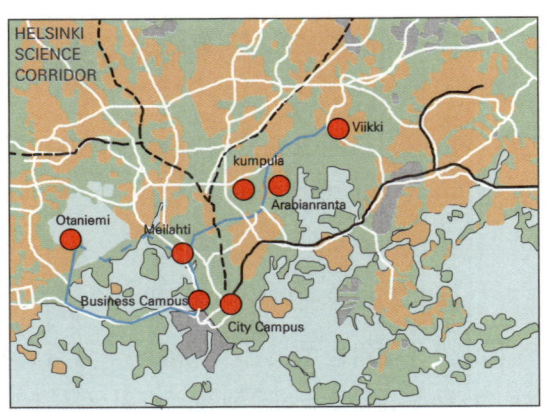

헬싱키 과학 회랑 Helsinki Science Corridor

 헬싱키는 법인을 통해 도시 소유의 대학, 전문 대학, 연구 기관 및 비즈니스 커뮤니티의 지식 프로그램을 관리해 왔습니다. 또한 지역 기업의 성장과 발전을 돕기 위해 전문 센터를 운영하여 기업의 사업성과 수익성을 증진시키고, 연구 개발 프로젝트를 진행하며 기업들을 지원하였습니다. 더불어 교육, 연구, 행사 등의 활동을 계획·조직하여 수익성 있는 사업 운영을 지원하고, 지역 대학과 협력하여 네트워크를 구축하였습니다. 실례로, 헬싱키 지역 대학들이 서로 연결되어 있는 '헬싱키 과학 회랑 Helsinki Science Corridor'을 통해 헬싱키는 국제적인 산업 전략에 적절히 대응할 수 있었습니다. 이러한 투자와 협력으로 인해 도시의 기업들은 지속적인 혁신과 발전을 이루며 경제 발전에 기여하였습니다. 이처럼 창조성에 기반한 헬싱키의 교육 시스템은 시민들이 문화적 다양성을 이해하고 창의적으로 사고할 수 있는 환경적 기반이 되어 도시의 혁신을 이끌었습니다.

ICT 클러스터와 아라비안란타

　1990년대, 경제적인 위기 상황에서도 헬싱키는 도시 개발 관련 예산을 줄이지 않고 오히려 확대해 나가면서 R&D 분야에 대한 공공과 민간의 지속적인 투자를 이끌었습니다. 그 결과는 IT 기술을 교육, 복지, 문화 등 여러 분야에 접목시켜 나갈 수 있게 되었고, 기술 융합을 통해 산업 혁신을 이끌고 시민들의 복지 혜택을 높여 나갈 수 있었습니다.

　헬싱키 지식 경제의 핵심은 ICT 클러스터입니다. 2000년대 노키아와 외주 네트워크의 존재는 헬싱키를 비롯해 핀란드 경제 전반에 영향을 미치는 거대한 힘이 되었습니다. 여기에 '아라비안란타Arabianranta'와 '케이블팩토리Cable Factory' 등의 공장 부지를 스마트한 주거 지구와 문화 예술의 무대로 변화시켜 나가면서 헬싱키는 도시 재생의 모델이 되었습니다.

아라비안란타Arabianranta

아라비안란타$^{Arabianranta32)}$는 과거 해안가에 도자기 공장 이름에서 기원한 헬싱키 근방에 주거 지구입니다. 이 지역의 계획은 1990년대 초, 헬싱키 도시계획과에서 시작되었습니다. 도시 건설은 2000년 봄에 시작되어 2012년까지 진행되었고, 약 7천 5백 명의 주민이 거주하는 공간으로 만들어졌습니다. 이 과정에 예술가가 함께 참여하여 예술 작품을 제작하고 공원을 조성하기도 하였습니다. 다양한 규모와 형태의 아파트가 들어섰고, 임대 아파트와 주택 협동조합 등이 조성되었습니다.[33] 아라비안란타가 주목받는 이유는 창의적인 네트워크의 무대가 펼쳐지고 있기 때문입니다. 시민들의 네트워크를 통해 과정을 공유해 나가면서 공감대를 형성하고 협력해 나갈 수 있었습니다. 1986년에는 예술·디자인의 대학이, 1995년 팝·재즈 음악원 등이 이곳으로 이전하여 문화 예술 부문을 이끌었습니다.

아라비안란타는 1만여 채의 주택, 5백여 개의 작업장, 6백여 명의 학생을 위한 캠퍼스를 완공하는 것을 목표로 하고 있습니다. 현대적인 로프트 건물을 비롯하여 로푸키리(Loppukiri, 활성 노인을 위한 지역 사회 주택), 카피티카(Käpytikka, 정신 장애인 청소년을 위한 거주) 및 MS-TALO 같은 특별한 도움이 필요한 그룹에 대한 도시 빌라, 플러스 KOTI$^{플러스 홈}$ 개념과 MS-Talo$^{MS 하우스}$ 등의 실험적인 주택을 만들고 있습니다.[34] 현재, 모든 도시 구성원들이 인터넷과 무선 통신을 활용해 사무실, 학교, 집 등의 공간에서 상호 소통해 나가는 '헬싱키 가상마을$^{Helsinki Virtual Village}$' 사업도 진행되고 있습니다. 가상 네트워크에 기반한 도시가

---

32) 아라비안(Arabian)은 도심 동북쪽 해안가에 있던 도자기 공장의 이름이었습니다. '아라비안란타'는 아라비아의 해안이라는 뜻으로 이름 붙여졌습니다.

33) Walking in ArabianrantaHELSINKI PLANS 20097Helsnki City Planning Department, p 2-3.

34) 아라비안란타 인터넷 웹사이트 (http://www.arabianranta.fi/en/)

출현하게 된 것은 세계 최고 수준의 IT기술력과 다양성을 인정하고 상호 존중하는 문화성, 그리고 새로운 것에 대한 두려움 없는 도전, 즉 창조성에서 비롯될 수 있었습니다.

케이블 팩토리^{Cable Factory}는 폐공장을 창조성에 기반한 문화 예술의 활동 무대로 조성한 대표적인 사례입니다. 원래 이곳은 1939년부터 1954년에 걸쳐 지어진 케이블 공장이었습니다. 전화기와 전기 케이블을 생산했던 이 공장은 당시 핀란드에서 가장 큰 건물로, 헬싱키의 도심에서 멀리 떨어진 해변에 세워졌습니다. 이 공장은 헬싱키대학과 기술 학교 사이의 협력으로 핀란드의 전자 및 컴퓨터 산업 발전을 위한 토대가 되기도 하였습니다. 1967년 노키아와 합병하게 된 후 1980년대까지 케이블 산업은 헬싱키의 주요 산업으로 자리 잡았습니다. 이후 사업이 쇠퇴하면서 공장은 이전하게 되었습니다.

노키아 카펠리^{Kaapeli}는 매우 저렴한 가격으로 예술가에게 건물을 임대하였습니다. 공장은 의외로 공연과 전시에 적합한 평화로운 공간이었습니다. 1987년, 이 공장의 미래 사용을 계획하는 대표단이 구성되었습니다. 이 대표단은 세 개의 유닛으로 분할하여 학교, 호텔, 박물관과 주차장을 구축하였습니다. 케이블 공장에 의식을 가진 주민들은 '프로 카펠리^{Kaapeli}'라는 협회를, 1991년에는 이를 위한 부동산 합작 회사도 설립하였습니다.[35] 그 결과 매해 콘서트, 전시회, 축제, 박람회가 열리며 매년 23만 명의 방문객들이 찾는 명소로 탈바꿈되었습니다. 폐공장이 예술의 중심지로 새롭게 바뀌면서 케이블 팩토리는 아라비안란타와 함께 도시 재생을 추진하는 세계 주요 도시의 재생 모델이 되었습니다.

---

35) Kaapelitehdas.fi 웹사이트 (http://www.kaapelitehdas.fi/)

케이블 팩토리

    이처럼 '아라비안란타Arabianranta'와 '케이블 팩토리Cable Factory' 등과 같이 폐공장의 문화 예술 공간으로의 변화는 문화 도시를 표방하는 헬싱키의 정책과 의지를 잘 보여 줍니다. 일찍이 헬싱키는 2000년 유럽 문화 수도로서 역할을 담당하며, 유럽의 도시와 인근 지방 자치 단체, 문화 조직 분야에서 국가 간의 협력 프로젝트를 진행해 왔습니다. 또한 심포니 오케스트라, 극장, 영화관, 박물관 등을 직접 운영하며 예술과 문화 분야의 주요 고용주가 되었습니다. 전체 고용에서 예술 문화 부문이 차지하는 비중이 8.5%로 매우 높은 수준을 보였습니다. 이러한 사실은 헬싱키가 예술과 문화 분야에 큰 규모의 투자를 하고 있으며, 이를 통해 지역 경제 발전에 기여하고 있다는 것을 보여 주고 있습니다.

실패의 날과 도전의 벤처

　헬싱키에서 노키아와 외주 네트워크는 국가 경제 전체에 영향을 미치는 거대한 산업 기반이었습니다. 하지만 하나의 산업 부문에 너무 지나치게 의존한 전문화는 취약성의 근원이 되기도 하였습니다. 그리스에서 시작된 유럽 경제 위기는 유럽 각국에 영향을 미쳤기에 핀란드 또한 예외가 아니었습니다. 더불어 대표 기업이었던 노키아는 몰락하고 다른 주력 산업들의 매출도 크게 감소하였습니다. 결국, 핀란드 국내 총생산GDP의 30%를 차지하던 노키아는 무너지게 되었습니다.

　그 후 2010년, 헬싱키에서는 '실패의 날Day for Failure'이라는 행사가 개최되었습니다. 이 행사는 실패의 경험을 함께 모여 토론하며, 재기 방법을 모색하는 취지로 진행되었습니다. 패배감이 자리 잡은 사회에서는 핀란드 알토대의 '알토스AaltoES'라는 모임을 중심으로 미국 스탠퍼드대와 매사추세츠공대MIT의 벤처 정신을 도입해 기업가 정신과 도전 문화를 불어넣기 시작하였습니다. 핀란드 국민 약 5백만 명 중 1/4이 각종 언론 매체를 통해 '실패의 날'의 행사를 지켜 봤습니다. 당시 회의에서는 노키아 명예 회장을 비롯해 대표 기업가 30여 명이 참석해 실패의 경험을 나누었습니다. 이를 계기로 실패를 용인하고 새로운 사업에 도전할 수 있는 벤처 생태계가 구축되었습니다.[36] 즉, 헬싱키는 실패를 새로운 혁신의 기회로 만든 것이었습니다.

　이후, 노키아의 사장된 연구 개발 성과를 벤처 기업이나 중소기업이 새롭게 발전시키도록 제공한 '이노베이션밀', 초기 탄생한 기술 기업들을 글로벌 벤처캐피털과 연결해 주는 '비고스' 등이 운영되었습니다. 대

---

36) 「51전52기 앵그리버드… 실패가 발목 잡았다면 날수 없었다.」, 『동아일보』, 2013.06.10.

표적인 육성 전략은 2011년부터 정부 지원으로 진행된 브리지^{bridge} 프로그램이었습니다. 기업에서 해고된 직원들이 창업할 경우 2만 5천 유로의 창업 지원금과 컨설팅을 지원해 주는 프로그램으로,[37] 이를 통해 수백여 개의 벤처 기업이 새롭게 성장 발판을 마련할 수 있었습니다. 정부와 기업, 대학 등이 힘을 모아 새로운 성장 모델을 만들어 낼 수 있었던 것입니다. 앵그리버드 신화를 만든 로비오^{Rovio}[38]를 비롯해, 모바일 게임사 수퍼셀^{Supercell}, 3D프린터 개발하고 제품을 생산하는 스트라타시스^{Stratasys}사의 레드아이$^{Red Eye}$ 등 여러 벤처 기업이 출현하였습니다. 최근에는 '콜버스', '콜택배' 등의 '모빌리티^{이동성} 서비스 산업'도 세계 최초로 개발되었습니다.

  2013년부터 시작된 스타트업 행사인 '슬러시^{Slush}'는 이제 전 세계적인 축제로 자리 잡았습니다. 매년 11월 백야 현상으로 어두운 도시에서 화려한 네온사인 빛과 클럽 음악 소리가 들리는 가운데 열리는 독특한 콘셉트의 축제입니다. 미국 라스베이거스의 CES, 스페인 바르셀로나의 MWC와 비견될 정도의 행사로 약 130개 국가에서 2만여 명이 찾았습니다. '슬러시 100'에 선정된 스타트업은 기업을 홍보할 수 있는 무대가 마련되고, 컨설팅과 벤처 캐피탈 등의 지원을 받게 되었습니다. 또한, 슬러시는 미래의 창업을 꿈꾸는 학생들의 주축으로 운영됩니다. 이들은 스스로 만든 무대에서 선배 창업가들의 창업 아이템을 직접 보고 배우며 자신들의 꿈을 키워 나가고 있습니다. 이를 통해 도시는 수많은 스타트업을 육성하며 도시의 미래를 그려 나갈 수 있었습니다.

---

37) 「창업 생존률 높이려면」, 『서울 경제』, 2015.09.02.
38) 루비오는 2009년 출시해 세계적 연기를 끈 '앵그리버드' 이후 히트작이 없이 다양한 엔터테인먼트 사업에 손을 대면서 위기를 겪기도 하였습니다.

이와 같은 노력으로 헬싱키의 주민 소득은 꾸준히 높은 수준이 유지되고 있습니다. 2000년대 이후 글로벌 금융 위기와 코로나19 등 세계적인 경기 침체를 경험하면서 일시적으로 소득이 감소하기도 했지만 이후 도시 경제는 굳건히 회복되었습니다.

세계 디자인의 수도

'디자인 도시 헬싱키'라는 별칭은 헬싱키가 지닌 또 다른 강점을 보여줍니다. 헬싱키는 '현대 건축의 아버지'로 불리는 알바르 알토$^{Alvar\ Aalto}$를 비롯해 타피오 바르칼라, 카이 프랑크 등 핀란드 디자이너들이 독자적인 디자인 세계를 구축하고 활동했던 무대였습니다. 독일 건축가 요한 레히트와 칼 루드 엥겔이 설계한 신고전주의 건축물도 많지만, 1917년 러시아로부터 독립했을 때부터 핀란드의 도시 재건은 디자이너가 담당했을 정도로 건축, 문화, 산업 등 모든 디자인 부문에서 시대를 앞서 나가고 있습니다. 독특한 개성이 넘치는 빌딩, 미술관, 도서관 등 건축물을 비롯해 공원 벤치나 조형물, 생활용품 하나하나까지. 도시는 디자인 감성이 가득합니다. 그 결과 헬싱키는 2012년 세계 디자인 수도$^{WDC,\ World\ Design\ Capital}$로 선정되었습니다.

현대적인 건축미 속에서 자연적인 디자인을 겸비한 핀란디아 홀$^{Finlandia\ Hall}$, 1930년대 만들어진 건물과 광장의 풍경을 그대로 담아내면서 기하학적인 돔 형태의 복합 문화 공간으로 재탄생한 아모스 렉스 미술관$^{Amos\ Rex}$, 누구나 자유롭게 책을 읽고, 영화를 보고 게임을 즐길 수 있는 복합 문화 공간으로 문을 연 오디도서관^{Oodi}, 광장 한복판에 커다란 나무 드럼통을 세워 놓은 것 같은 캄핀 예배당$^{Kampin\ kappeli}$ 등은 헬싱키 건축 디자인의 상징적인 공간이 되었습니다. 여기에 유리로 된 외관으로 인해 발생하는 새의 충돌까지 고려한 건축은 단지 에너지 보존과 재활용의 측면만 강조된 녹색 건축에만 집중된 것이 아니라, 생물 친화적인 지속 가능한 디자인의 방향성을 새롭게 제시하였습니다.

헬싱키 디자인의 산실은 디자인 특구로 지정된 디자인 디스트릭트$^{Design\ Distric}$에 있습니다. 푸나브오리^{Punavuori}, 카르틴카우붕키^{Kaartinkaupunki}, 크루누하카^{Kruunuhaka}, 울란린나^{Ullanlinna}, 캄피^{Kamppi} 등의 거리에 형성되어 있으며, 이곳은 신진 디자이너들의 창조성의 실험 무대가 됩니다. 브랜드 숍과 작업실은 상점과 갤러리, 카페 등으로도 활용되고, 한밤의 쇼핑$^{Late\ Night\ shopping}$, 레스토랑 데이$^{Restaurant\ Day}$ 등 연중 다채로운 행사들이 펼쳐집니다. 이곳의 개성과 감성 가득한 브랜드 상품들이 젊은이들을 유인해 더욱 생기 넘치는 곳이 되어 가고 있습니다. 핀란드의 디자인, 가구 그리고 인테리어를 디자인 페어, '하비타레^{Habitare}'도 도시의 정체성과 가능성을 구축하는 데 크게 기여하고 있습니다. 알토대학의 디자인 팩토리는 디자인대학과 이공계대학, 경영경제대학 등과 협업을 통해 함께 아이디어 나누고 이를 상품으로 출원하면서 디자인 헬싱키를 이끌어 가고 있습니다. 헬싱키 디자인은 획일적인 직선이나 인위적인 원형이 아닌 자연을 닮은 곡선 형태로, 실용성 살리면서도 자연적 요소를 더하였습니다. 강렬한 색상이 대비를 이루는 패턴과 섬세한 무늬는 추위가 긴 도시의 이미지와는 전혀 다른 감성으로 세계인들을 매료시키고 있습니다.

관용적 도시 풍토와 다양성

헬싱키는 다양한 인종과 민족이 자유롭게 만나고, 다양성을 인정하는 관용적인 도시 분위기가 형성되었습니다. 도시는 인종과 민족의 다양성을 존중하고 포용하는 정책을 수립하여 이민자들에게 안전하고 공정한 환경을 제공하고 있습니다.

헬싱키는 19세기 후반부터 스웨덴, 러시아, 독일과 여러 소수 민족 등이 거주하던 국제도시였습니다. 최근 몇십 년 동안 이민과 국제적인 이동이 증가하면서 헬싱키의 인종 구성은 더욱 다양화되었습니다. 지금도 절대적인 면에서나 상대적인 면에서나 핀란드 최대의 이민자 도시입니다. 인구의 약 18%가 이민자[39]일 정도로 스웨덴, 러시아, 에스토니아, 소말리아, 이란, 중국, 태국, 베트남 등 다양한 국적의 이민자들이 도시에서 살고 있습니다. 이들은 헬싱키 사람들과의 상호 작용을 통해 서로의 문화를 이해하고 존중하며 함께 어우러져 살아가고 있습니다. 이민자들은 자신의 문화, 언어, 음식, 예술 등을 가져와 헬싱키를 더욱 다양하고 활기찬 도시로 만들어 주었습니다.

---

39) 출신 국가별 거주자를 보면 러시아 약 2만 명, 소말리아 약 1만 2천 명, 에스토니아 약 1만 1천 등 140여 개국 약 6만 6천 명(2021년 기준)에 달합니다.

헬싱키 프라이드

또한, 헬싱키는 세계에서 가장 LGBT 친화적인 도시입니다. 필란드는 헬싱키를 중심으로 성소수자 권리에 대한 진보적인 입법과 정책이 추진되었습니다. 동성 결혼은 2017년에 합법화되었으며, 동성 커플에게도 혼인과 부모권이 인정되었습니다. 성소수자에 대한 차별이나 적대적인 태도는 허용되지 않으며, 이러한 행동에 대해 도시는 법적으로 제재할 수 있는 제도를 만들어 그들의 권리와 존엄성을 존중하고 보고하고 있습니다.

또한 도시 내에는 성소수자를 위한 클럽, 바, 레스토랑, 문화 행사장 등 다양한 장소와 시설과 이들에게 상담 및 지원 서비스를 제공하는 단체와 기관이 활동하고 있습니다.

축제에서도 헬싱키다운 관용성과 다양성을 보여 줍니다. 헬싱키 프라이드에만 무려 10만 명[2018년]이 참가할 정도로 성 소수자에 대한 도시의 관용성이 매우 높습니다.[40] 도시를 대표하는 음악 축제인 '플로 뮤직 페스티벌'에서는 여성 뮤지션의 참여 비율이 50% 이상에 이를 정도로 양성평등 분야에서도 세계적인 수준에 올라와 있습니다. 수만 명이 모이는 축제에 목발을 하거나 휠체어를 탄 장애인들이 함께 참여할 정도로 장애에 대한 편견 역시 적습니다. 이러한 포용성은 세계 도시로서 헬싱키의 다양성을 강화시키는 중요 요인이 되었습니다.

빛의 축제와 플로우 페스티벌

헬싱키는 전통적으로 외국인들에게는 어둡고 우울한 도시로 인식되었습니다. 하지만 도시는 이러한 부정적인 이미지를 바꾸기 위해 노력하였습니다. 헬싱키는 겨울철에는 태양이 거의 뜨지 않아 어둠과 추위가 지속되는데, 이러한 불리한 상황에서도 도시는 '빛'이라는 숨은 자원을 발견하였습니다.

매년 1월 도시는 '빛의 축제$^{Lux\ Helsinki\ Festival}$'를 개최합니다. 빛과 어둠의 대칭성을 이용하여 헬싱키의 겨울을 눈과 빛의 환희로 바꿔 놓은 것입니다. 이는 단순히 도시의 브랜드 이미지를 강화하는 데 그치지 않고, 다양한 산업, 관광, 문화, 이미지 제작 등에 활용되었습니다. '빛 축제'는 도시의 새로운 브랜드명이 되었고, 2000년 헬싱키에서 실시된 '유럽 문화 수도 프로그램'을 대표하게 되었습니다. 이를 계기로 헬싱키는 국제적으로도 큰 주목을 받게 되었으며, 도시의 경제적, 문화적 발전에 새로

---

40) "Finland", 위키피디아 영어판

운 성장 동력이 되었습니다.

  매년 8월 북동부의 옛 발전소 부지인 '수빌라티'에서 다양한 장르의 음악 공연을 비롯해 예술, 디자인, 음식, 문화 등의 프로그램을 제공하는 '플로우 페스티벌Flow Festival41)'도 열립니다. 축제는 지속 가능한 발전과 환경 보호를 중요시하며, 친환경적인 에너지 및 재생 가능한 자원이 사용됩니다. 옛 발전소의 건축물과 철제 구조물 등이 조명과 미술 작품으로 장식되어 독특한 디자인으로 방문객들을 유인합니다. 특히, 헬싱키 파루카투 2 지역에서는 대규모 음악 축제인 '플로 뮤직 페스티벌'도 함께 열립니다. 이 페스티벌에서는 유명 뮤지션들의 공연을 즐기고, 핀란드의 전통 음식을 맛볼 수 있습니다. 다양한 장르의 공연이 열리는 이 무대를 보기 위해 전 세계에서 수만 명의 애호가들이 방문하고 있습니다. 또한, 헬싱키는 도시에서 열리는 다양한 축제를 관광 코스와 연계하여 도시의 경제에 기여하고 있습니다. 축제가 열리는 현장과 도시의 관광 자원을 함께 코스를 연계한 다양한 체험 기회를 제공하기도 합니다. 대형 상점보다는 지역 내 소상공인들을 돕기 위한 코스를 개발하여 이를 체험하고 소비할 수 있도록 돕는 등 다양한 방식으로 도시에 활력을 불어넣으며, 유럽의 주요 문화 도시르 자리매김하는 데에 큰 역할을 담당하였습니다.

---

41) '빛의 축제'와 달리 우리말로 번역하지 않고, 원어 그대로 사용하는 것이 일반적입니다.

빛의 축제 Lux Helsinki Festival

휴머니즘을 목표로 제시한 스마트 도시 계획

2020년 IMD의 스마트 도시 순위 2위에 올랐을 정도로 헬싱키는 스마트 도시 부문에서도 큰 주목을 받고 있습니다. 헬싱키 도시 계획 Helsinki City Plan 을 보면 2050년까지 도시의 지속적인 성장을 위한 도시 구조 조성을 목표로 제시합니다. 기존 토지의 밀도를 향상시켜 도시 구조를 변화시키고, 주요 녹지를 연결하여 '녹지 손가락' 구조를 구축하려는 계획을 세웠습니다. 또한, 도시 내 유휴 부지를 신규 주거지 및 첨단 업무 지구로 변화시켜 스마트 도시의 모델로 조성하고자 하고 있습니다.

헬싱키의 스마트 도시 사업은 첨단 기술을 적용한 도시 시스템의 구축보다 휴머니즘, 즉 인간의 가치를 살리는 데 더 큰 목적을 두었습니다. 이를 위해 "시민의 시간을 하루 한 시간씩 절약할 수 있는 도시 조성"을 목표로 제시하였습니다. 스마트 기술의 발전이 목표가 아니라 사람들이 더욱 안전하고, 행복하게 어우러져 살아가는 시민들의 삶의 질 향상에 목적을 둔 것입니다. 위로부터 만들어진 시스템이나 플랫폼이기보다는 시민들의 의견이 반영된 도시 성장 모델입니다. 민관 협력 기관인 '포럼 비리엄 헬싱키Forum Virium Helsinki'가 사업 주체가 되어 사회, 건강, 교통 등 다양한 분야에서 실험적 아이디어를 담은 프로젝트를 실천하고 있습니다. 공모를 통해 선정된 프로젝트를 지원하는 애자일 파일롯팅 프로그램Agile Piloting Programme을 통해 성과가 검증된 프로젝트는 다른 도시로 확산시켜 나갔습니다. 또한, 공공 기관, 연구 기관, 다국적 기업, 스타트업 등이 협업하여 스마트 도시 솔루션을 개발하고 상용화해 나갔습니다. 헬싱키 데이터 개방 플랫폼Helsinki Region Infoshare에서 공공 데이터 및 연구 기관의 자료를 제공하고 기업들은 도시 자체를 테스트 베드로 삼아 서비스 및 제품들을 시연하였습니다. 도시 곳곳에서 데이터를 기반으로 한 스마트 도시 프로젝트가 펼쳐졌습니다.

헬싱키 칼라사타마Kalasatama

특히, 헬싱키 북동부의 항만인 칼라사타마^{Kalasatama}는 현재 전 세계적인 스마트 도시의 리빙 랩입니다. 19세기 철도와 항만을 갖춘 산업 지구로 성장했던 칼라사타마는 20세기 들어오면서 산업 기능은 황폐화되고 항구까지 폐쇄된 낙후 지역으로 전락했던 곳이었습니다. 이 변화는 2013년 헬싱키 의회에서 이 지역을 '스마트 도시'로 결정하면서부터 시작되었습니다. 도시는 2040년까지 6억 유로를 투입해 친환경 공유 경제 도시 조성을 목표로 하였습니다. 거주민을 2만 5천 명으로 늘리고, 약 1만 개의 일자리를 창출을 계획했습니다. 새로운 솔루션을 개발하고 테스트할 수 있는 혁신 플랫폼 활용해 시민들의 리빙 랩 활동을 도왔습니다. 또한, 시민을 중심으로 이해 관계자들이 한데 모여 구성된 혁신자 클럽이 도시 조성에 따른 의견을 조율하였습니다.

첫 프로젝트는 지하에 파이프라인을 설치하여 폐기물을 수집하는 것이었습니다. 효율적인 폐기물 처리와 에너지 낭비를 막고, 거리를 깨끗하게 만들기 위한 방안이 스마트 도시의 시작이 된 것입니다. 이 사업을 통해 쓰레기 수거 차량은 더 이상 거리로 다닐 필요가 없었고, 폐기물 처리 과정에서 발생하는 에너지도 활용할 수 있었습니다. 탄소 중립 도시로의 전환을 위해 칼라사타마 발전소를 폐쇄하였고, 이를 대체할 재생 에너지 시스템도 구축하였습니다.

또한, 도시는 스마트 그리드$^{smart\ grid}$ 기술을 활용한 지능형 전력망 시스템을 구축하였습니다. 시민들에게 스마트 계량기를 보급하였고, 조명, 냉난방, 주방 기기 등 12개 항목별 사용량을 실시간으로 제공하여 스스로 전력 사용량을 수시로 모니터링할 수 있도록 지원하였습니다. 또한, 사용량이 많은 시간에 비싼 요금을 매김으로써 안정된 전력망을 구축하였고, 이를 통해 탄소 배출량도 줄여 나가면서 스마트 그리드의 대표적인 모델이 되었습니다.

교통 분야에서는 무인 전기 버스를 시범 운행하면서 실제 운행 중에 발생하는 장애 상황, 전력 소모 등과 관련된 데이터를 수집하여 스마트 기술을 검증하였습니다. 도시의 모든 교통수단을 모바일 애플리케이션으로 연결하는 '마스$^{\text{MaaS, Mobility as a Service}}$', 사용자가 목적지까지 원하는 교통 경로를 선택할 수 있는 '윔^{Whim}' 등을 구축하여 도시 교통의 혁신을 이루었습니다. 모빌리티 랩의 파일럿 프로젝트의 일환으로 세계 최초의 자율 주행 도로 청소 전기차 '트롬비아 프리$^{\text{Trombia Free}}$'를 시범 운행하기도 했습니다. 이를 위해 IoT 시스템 구축해 개방형 혁신 생태계를 조성해 나가면서 차량의 자동화 시스템과 주차 및 충전 정보를 제공하였습니다. 또한, 전기차 및 교통 분야 데이터를 기업에 제공하여 새로운 비즈니스 모델 활성화를 도왔습니다.

더 나아가 휴대용 공기 질 측정 센서를 활용하여 공기 질 및 소음 데이터를 수집·분석하고, 머신 러닝을 통해 도로 상태에 대한 모니터링 자동화 시스템을 구현하였습니다. 모바일 게임을 통해 시민들의 이동 수단과 동선에 관한 데이터를 수집하고, 주택 발코니에 센서를 설치하여 공기 질 정보를 제공하였습니다. 이렇게 수집된 정보를 기반으로 도시는 친환경 도시 계획을 수립하여 인간 중심의 스마트 도시를 조성해 나가고 있습니다.

친환경 생태 도시, 에코 비키

다양한 생태 공원을 보유하고 녹지 비율이 높은 헬싱키는 지속 가능한 도시 발전을 추구하며, 생태 도시로의 전환을 이끌어 내었습니다. 에너지 효율성, 탄소 배출 감소, 재활용, 대중교통, 자전거 이용 등 다양한 분야에서 환경친화적인 정책을 시행하고 있습니다.

특히, 제로 에너지 기술을 적용한 핀란드 최초의 친환경 생태주거 단지인 헬싱키의 에코 비키$^{Eco-Viikki}$는 미래 도시의 방향성을 제시하였습니다. 이 지역은 오래전부터 자연환경 보전 지구로 지정되어 아름다운 생태 환경을 보존하고 있었습니다. 도시가 확장되면서 대규모 개발이 예상되었던 만큼 '헬싱키 환경 어젠다 21 프로그램'에 의거해 환경친화적인 생태 도시의 조성을 목적으로 하였습니다. 다양한 이해 관계자들이 만나 의견을 조율하면서 약 100m²에, 약 인구 1만 7천 명 거주하고, 약 6천 개의 자생적인 일자리를 보유한 생태 도시가 탄생하게 되었습니다.

친환경 생태 주거 단지 '에코 비키'

주거 시설은 모두 햇빛을 잘 받을 수 있도록 남쪽으로 지어졌습니다. 도시 건축에 있어서 기본적인 원칙은 태양광 발전을 활용하고 에너지 효율을 높이는 것이었습니다. 이를 위해 건물의 지붕과 베란다에는 태양광 패널이 설치되었고, 열 회수 난방 시스템도 도입되었습니다. 건물 외벽에는 환기·환풍 장치를 설치하여 열 손실을 막았습니다. 주택의 외관과 위치에 따른 제로 에너지 기술을 접목하며, 각 건물에 따라 다양한 장치를 설치하여 탄소 배출을 줄였습니다. 또한, 화석 연료를 사용하는 기존 교통수단을 최소화하고, 도시 내에서 농산물을 직접 생산해 소비하도록 하면서 탄소 배출을 감소시켰습니다. 헬싱키의 환경친화적인 노력은 에코 비키에 국한되지 않습니다. 도시의 여러 지역과 분야에서 생태 도시로의 변화를 위한 다양한 시도들이 진행되고 있습니다.

먼저 도시의 에너지 효율성을 높이기 위해 건축물의 에너지 부문을 강하게 규제하였습니다. 새로 짓는 건축물은 에너지 효율성이 높은 건축 기술과 재료를 사용하도록 하였고, 기존 건축물들도 에너지 효율성 개선을 위해 보완 작업을 시행하도록 지원하였습니다. 또한, 탄소 배출을 줄여 나가기 위해 재생 가능 에너지를 적극적으로 활용하도록 돕고, 스마트 기술을 접목하여 에너지 효율을 높여 나갔습니다. 자전거를 통해 일상생활이 이루어질 수 있도록 자전거 도로망을 구축하였고, 지하철, 버스, 트램 등 대중교통 수단도 개선하였습니다. 무엇보다 도시는 일찍부터 쓰레기 분리수거와 재활용 시스템이 시민 사회에 정착되어 있어 물건을 버리지 않고 재활용 마켓에 판매하거나 기증하며 자원 낭비를 막았습니다.

이처럼 헬싱키의 환경친화적인 도시로의 지향은 도시가 궁극적으로 나아가야 할 방향이 무엇인지를 보여 줍니다. 도시는 사람이 살기 좋은 곳이어야 하며, 기본적으로는 안전하고 건강한 삶이 보장되어야 한다는 것을 말입니다. 이러한 헬싱키의 노력들은 기후 위기 시대에 사는 다른 도시에도 자극제가 되고 있습니다.

결론: 헬싱키의 지속 가능성 평가

　헬싱키는 시 의회의 지식 기반과 경제$^{\text{Knowledge base and economy}}$, 문화^{Culture}, 국제화^{Internationalisation} 추진 전략과 네트워크를 기반으로 각 분야에서 상호 협력을 통해 도시의 지속 가능성을 높여 나갈 수 있었습니다. 헬싱키 클럽을 통한 협력적 거버넌스의 실천과 의회의 적극적인 행정·경제적 지원, 낙후 지역 재생을 통한 문화 예술 역량 강화, 지식 기반 경제의 기초가 된 ICT 클러스터와 창조적 교육 시스템, 높은 관용성에서 피어오른 문화적 다양성, 숨은 자원을 발굴하고 도시민에게 혜택이 돌아가는 창조 관광의 실천, 휴머니즘 구현에 중점을 둔 스마트 도시 전략의 추진 등을 통해 도시의 미래를 준비하였습니다. 미래 도시의 모델로서 헬싱키가 선도적 위치에 설 수 있었던 배경과 전략, 실천 등을 정리해 보면 다음과 같습니다.

　첫째, 헬싱키는 도시 경제의 위기 속에서 새로운 경제 성장 전략을 수립하고, 산업을 재편하면서 위기를 극복해 나갈 수 있었습니다. 경제 위기에 처해 있을 때 도시는 적극적인 투자로 유럽에서 혁신적인 경제 성장을 이루어 내었습니다. 정부와 민간 부문의 R&D 분야 투자와 도시 개발로 헬싱키 대도시권 지역은 ICT 클러스터가 형성될 수 있었습니다. 이를 통해 기업 간의 협력과 혁신을 촉진하고 경제 성장을 이루었습니다. 정보 기술, 디자인, 첨단 제조업, 생명 공학, 교육 및 연구 등 다양한 산업 부문을 육성하고 다각화된 경제 구조를 구축하여 높은 부가 가치와 질 좋은 일자리를 창출하였습니다. 또한, 아라비안란타와 케이블 팩토리 등과 같은 도시의 유휴 부지를 활용한 적극적인 도시 재생을 통해 주거 환경 여건을 개선하고 문화 예술 공간을 새롭게 조성해 나갈 수 있었습니다. 이러한 과정에서 싱크 탱크인 헬싱키 클럽의 협력으로 지속 가능한 도시 계획과 전략이 추진될 수 있었습니다.

둘째, 창의성에 기반한 공교육과 전 생애 동안 진행되는 평생 교육 시스템의 구축으로 도시는 많은 인재를 배출하고, 창조 계층의 유입을 이끌어 낼 수 있었습니다. 헬싱키는 다양한 사회 시설을 활용할 수 있도록 환경을 조성해 주고 다양한 프로젝트를 진행할 수 있는 기회를 제공하였습니다. 창의적 사고를 발현시킬 수 있는 공교육 시스템뿐만 아니라 일정 정도의 수준까지 시민에게 기회의 사다리가 제공되는 기반이 갖췄습니다. 자기를 향상시킬 수 있는 기회가 제공되어 모든 연령대의 시민들이 각각 학습과 도전을 즐기는 풍토가 조성되었습니다. 특히 학교가 중심이 되어 다양한 방식으로 지역 사회를 연결하고 모든 시설을 공유하였습니다. 평생 교육에 기반한 헬싱키의 교육 시스템이 시민들의 창의성과 다양성을 지속적으로 키워 나가는 데 크게 기여하였습니다. 도시의 대학들도 자발적으로 도시의 지속 가능성에 관심을 두고 도시 문제를 해결하는 데 함께 참여하여 성장을 이끌었습니다. 더불어 하이테크 기술과 예술 문화 부문에 수많은 인재를 배출하면서 산업 분야의 혁신을 이끌었습니다.

셋째, 헬싱키는 관용성이 높은 사회적 풍토를 기반으로 다양한 문화가 함께 공존하면서 새로운 문화를 창출해 낼 수 있었습니다. 다양한 민족이 거주하는 국제도시로 시작했던 헬싱키는 현재 140여 개국의 이민자가 거주하는 핀란드 최대 이민자 도시가 되었습니다. 성 소수자에 대한 높은 관용성을 바탕으로 세계에서 가장 성 소수자$^{LGBTQ+}$ 친화적인 도시로도 손꼽히고 있습니다. 세타^{Seta}를 통해 성 소수자의 건강, 상담, 법적 권리 등을 지원하며 이들의 성장을 도왔습니다. 또한, 사회의 다양한 분야에서 양성평등을 실천하고 장애인들의 사회 참여를 지원하였습니다. 이처럼 헬싱키는 문화적 다양성을 폭넓게 수용할 수 있는 관용적인 사회 풍토가 도시를 더욱 다채롭고 풍요로운 문화 도시로의 변화를 이끌었습니다.

넷째, 도시는 휴머니즘, 즉 인간의 가치를 살리는 데 목적을 둔 스마트 도시 전략을 추진하면서 세계적인 스마트 도시가 되었습니다. 민관 협력 기관인 '포럼 비리엄 헬싱키'를 중심으로 안전·사회·건강·교통 등 다양한 분야에서 실험적 아이디어를 담은 프로젝트를 실천해 나가고 있습니다. 특히, 도시를 테스트 베드로 삼아 기업들이 서비스 및 제품들을 시연할 수 있도록 데이터 개방 플랫폼 통해 공공 데이터 및 연구 기관의 자료를 제공하였습니다. 또한, 도시는 스마트 그리드$^{smart\ grid}$ 기술을 활용한 지능형 전력망 시스템을 구축하고, 모니터링 자동화 시스템을 구현하는 등 다양한 친환경 스마트 도시 계획을 실천하였습니다. 이처럼 도시는 사람들이 더욱 안전하고, 행복하게 어우러져 살아가는 삶의 질의 향상에 스마트 기술을 활용하면서 도시 문제를 해결하고 지속 가능성을 높여 나갈 수 있었습니다.

영국의 글래스고

도시 개관

글래스고의 위치

　'초록빛의 빈 땅'이라는 의미에서 이름 붙여진 글래스고^{Glasgow}는 영국 중서부 가로지르는 클라이드강 유역에 위치한 항구 도시입니다. 면적은 약 175.5km², 인구 규모 약 61만 명$^{2022년\ 기준}$으로 스코틀랜드 최대의 도시이자 스트래스클라이드주의 주도입니다.

　수천 년 동안 마을 단위의 작은 도시에 불과했던 글래스고는 로마 시대 때 어업 중심지로 요새화되었습니다. 6세기경에는 선교사인 성 뭉고가 교회를 세우면서 군락을 이루어 종교적 중심지가 되기도 하였습니다. 15세기에는 글래스고대학이 설립되었고, 교구도 신설되면서 도시적 지위가 높아졌습니다. 17세기에는 상인 길드가 성장하였고, 이후 자치 도시로 승격되었습니다. 도시는 당시 인기 품목이었던 설탕, 담배, 면화 등의 무역을 통해 부를 축적하면서 항구 도시로 성장하였습니다. 18세기 후반부터 장로교의 아일랜드인들이 집중적으로 유입되었고, 이들은 면직물 생산을 이끄는 거대한 노동력이 되었습니다.

19세기 초에는 산업화가 본격화되면서 조선, 기계, 섬유, 의류, 식품, 담배 등의 산업 분야 전반에 걸쳐 성장이 시작되었습니다. 하지만 도시 경제를 이끌었던 면직물 공업은 맨체스터로 주도권을 빼앗기면서 쇠퇴하였습니다. 하지만 클라이드 운하와 연결되는 몽클랜드 운하가 개통되면서 석탄과 철광석 등의 풍부한 자원을 기반으로 조선 및 기계 등 중공업이 급속도로 성장하였습니다. 1900년 초반 세계 선박의 1/5이 클라이드에서 건조되었습니다. 이를 기반으로 글래스고항은 스코틀랜드 최대의 상품 집적지이자 거대 수출항으로 성장하게 되었습니다.

산업화의 여파로 주변 지역을 비롯해 아일랜드, 기타 유럽 등에서 많은 인구가 유입되었습니다. 도시 인구도 급속이 증가하여 일찍이 인구 100만 명에 도달하였습니다. 19세기 중후반에서 20세기 초, 빅토리아 여왕 시대의 글래스고는 조선과 중공업으로 부와 명예를 거머쥐었고, 곧 영국 제2의 도시로 성장하였습니다. 20세기에 들어서면서 중공업 부문은 상대적으로 저렴한 노동력을 기반으로 하는 다른 도시들과의 경쟁에서 뒤처졌고, 제1차 세계 대전 이후로는 사양화되었습니다. 점차 도시는 활기를 잃으면서 슬럼화되고, 빈번히 범죄가 발생하였습니다.

특히, 1979년 대처의 보수당 정권하에서 진행된 10년간의 긴축 재정으로 문화 예술 분야에 대한 지원이 감소하면서 이로 인해 글래스고의 예술가와 예술 단체들은 큰 어려움을 겪게 되었습니다. 당시의 영국 문화 정책은 핵심 엘리트 양성을 통해 영국의 문화적 정체성을 보존하는 것이 목표였기 때문에 대중적인 문화 정책을 기대할 수 없었습니다. 그럼에도 불구하고 시민들의 문화 예술 분야에 대한 공적 토론과 정치적 관심이 증대되었고, 이는 이후 영국의 대중문화 정책에 대한 변화를 이끄는 계기가 되었습니다.

글래스고는 대처 정권하에서 경제 발전이 더디긴 했지만, 지속적인 변화와 성장을 추진하였습니다. 1990년대 이후로는 기계, 음식료, 인쇄, 출판 등 기존의 기반 산업과 함께 소프트웨어와 생명 공학 등 첨단 산업도 성장하였습니다. 더불어 금융, 공공, 교육, 보건, 관광 등의 서비스업이 성장하면서 침체의 늪에서 서서히 벗어나게 되었습니다.

도시는 동서로 가로지르는 클라이드강의 양안에 펼쳐져 있고, 남북으로 놓인 여러 개의 다리와 하저 터널로 연결되었습니다. 도심 지역은 주요 쇼핑몰과 극장 등이 밀집한 상업 지역, 18-19세기 초 국제 무역과 섬유 산업에 종사하는 상인들의 거주 지역이었던 상인 도시$^{Merchant City}$, 국제 금융 서비스 지구^{IFSD}인 글래스고 금융 지구 등으로 구성되어 있습니다. 상업 지역에는 글래스고 로열 콘서트 홀, 현대 미술관^{GoMA}, 현대 미술 센터 등 문화 시설과 글래스고대학, 스코틀랜드 왕립 음악원 등이 자리하고 있습니다. 상인 도시에는 고급 아파트와 부티크, 이와 연계된 상점과 레스토랑 등이, 금융 지구에는 세계적인 은행·보험·증권 등 금융 기업의 본사가 자리하고 있습니다.

도시 문화유산으로는 13세기 건축된 글래스고 대성당을 제외하고 대부분은 19세기에 지어졌습니다. 글래스고 시티 챔버, 글래스고대학의 본관, 켈빈그로브 미술관 및 박물관 등이 모두 빅토리아 시대에 지어진 건축 유산입니다.

도시 인구를 보면 1950년대에 인구는 약 109만 명으로, 정점을 찍은 후 산업 쇠퇴로 점차 감소하였습니다. 현재 도시 인구 규모는 약 61만 명이고, 글래스고를 포함된 대도시권은 약 100만 명 정도입니다. 인종 및 민족별 인구 구조를 보면 스코틀랜드인이 주를 이루고 기타 유럽인과 아시아인으로 구성됩니다. 유럽인들 중 대다수를 차지하고 있는 아일랜드인은 18-19세기에, 리투아니아인은 1900-1950년대에 난민들이 유입되었고, 그 인구 규모는 약 1만 명에 달하였습니다. 그 외에 폴란드인 약 8천4백 명도 거주하고 있습니다. 아시아인은 1960-1970년대에 주로 유입되었는데 파키스탄인 약 3만 명, 인도인 약 1만 5천 명, 방글라데시인 약 3천 명의 인구 규모를 보입니다.

도시 문화 프로젝트와 도시 마케팅

경제 위기 속에서도 글래스고는 적극적 도시 개발 전략을 추진하면서 문화 도시로의 변화를 이끌었습니다. 사실 1960-1980년대까지 약 20여 년간 14만 개의 일자리가 줄면서 110만 명에 달했던 인구는 60만 명대로 감소하였습니다. 산업 혁명기 '대영 제국의 공장'으로 군림했지만, 1980년대 이후로는 오래되고 낡은 공업 도시로 남게 되었습니다. 기존 산업이 쇠퇴하고, 실업과 빈곤이 지속되면서 도시는 슬럼화되었습니다. 이에 글래스고는 스코틀랜드개발청과 협력하여 도시의 미래를 이끌어 갈 산업으로 문화 산업과 서비스 산업을 새로운 대안으로 내세웠습니다.

켈빈글로브 미술관과 박물관

도시에는 빅토리아 시대의 건립되었던 아름다운 건축물들이 고스란히 남아 있었고, 켈빈글로브 미술관과 박물관Kelvingrove Art Gallery and Museum 교통 박물관, 미첼 도서관Mitchell Library, 대형

상인 도시Merchant City

극장, 그리고 과거 산업 도시로서의 풍부한 문화, 건축 및 역사적 유산이 도시의 다양한 문화 예술 활동에 크게 기여해 줄 것이라는 믿음에서였습니다. 이에 글래스고는 민관 협력의 거버넌스를 마련하고 다채로운 문화 예술 프로젝트를 실천하면서 도시 경제에 활력을 불어넣기 시작했습니다.

먼저 1983년 쇠퇴한 공업 도시의 이미지를 벗고 문화 산업 중심지임을 부각시키기 위해 '글래스고 마일스 베터Glasgow's miles better'42)라는 도시 마케팅을 추진하습니다. 더불어 관광 산업도 육성하기 위해 '글래스고 액션Glasgow Action'도 설립하였습니다. 버렐 컬렉션Burrell Collection을 개관하였고, 글래스고 액션Glasgow Action을 설립하였으며, 재즈 음악 및 합창 등의 음악 축제와 무용제 등을 개최하였습니다. 이와 같은 노력에 힘입어 1986년 도시는 유럽 문화 수도(1990년 개최)로 지정되었습니다.

1987년부터 글래스고는 문화 행사 부문에서도 그 역량을 강화해 나가기 위해 축제 담당 부서를 설치하고, 지역 축제를 육성하였습니다. 이듬해 도시 브랜드 강화를 위해 정원 축제를 개최하였고, 약 450여만 명의 관광객을 도시로 유인하였습니다. 도시의 재정적 지원을 통해 1990년 왕립 글래스고 콘서트홀Glasgow Royal Concert Hall이 개관하였고, 맥릴런 미술관McLellan Gallerie의 보수와 트램웨이Tramway가 신축되었습니다(Garcia, B., 2004). 그뿐만 아니라 시가지 곳곳에 새로운 쇼핑센터와 건축물, 그리고, 상인 도시Merchant City가 출현하게 되면서 글래스고의 문화 도시로서 브랜딩은 더욱 강화되었습니다.

---

42) 도시는 외곽 도시인 글래스고가 가까운 도시보다 더 좋다는 의미입니다.

유럽 문화 수도ECOC와 문화 창조 수도

글래스고는 1980년대부터 유럽 문화 수도ECOC, European Capital of Culture를 준비하고 유치하기 위해 다양한 문화 정책을 추진하였습니다. 특히 도시는 1986년 유럽 문화 수도로 최종 선정되면서 문화 산업이 급속히 성장했습니다. 예술, 음악 산업, 미디어 등은 1990년까지 3.9%의 성장률을 기록했습니다. 이는 한 해 동안 수백만 명의 방문객을 유치하여 지역 경제를 활성화시키며, 글래스고를 전 세계에 알리는 계기가 되었습니다. 극장, 홀, 박물관, 미술관 등 문화 시설을 찾는 방문객들이 증가하면서 문화 도시 전략에 대한 주민들의 관심과 호응은 더욱 커졌습니다. 이러한 성공의 배경에는 지방 의회와 지역 사회 사이의 새로운 파트너십, 지역 예술가에 대한 작품 활동 지원과 협력, 거주 공간의 매력도 향상 등이 있었습니다.

1990년 유럽 문화 수도의 성공은 그동안 낙후된 산업 도시로서 글래스고의 이미지를 매력적인 문화 도시로 탈바꿈하는 계기가 되었습니다. 이는 단순히 많은 수의 관광객을 유인하기 위한 것이 아니라 사람들이 거주하고 싶은 도시를 목적으로 정책을 추진하였기 때문입니다. 즉 글래스고의 유럽 문화 수도ECOC 유치는 도시를 매력적인 장소로 부각시키기 위한 매우 전략적인 장소 마케팅이었던 것입니다.

2000년대에 들어서도 도시는 창조적인 도시로 글래스고만의 독특한 스타일을 만들어 나간다는 의미의 '품격 있는 스코틀랜드 글래스고'라는 슬로건을 발표하고 문화 도시로서의 이미지를 더욱 강화해 나갔습니다. 2010년대 초반에는 '세계적인 문화 도시'라는 슬로건을 통해 도시가 다양한 문화적 활동과 행사를 제공한다는 것을 강조하였습니다. 예술, 음악, 연극, 영화 등 다양한 문화 산업과 행사에 집중하여 도시를 보다 강력한 문화 중심지로 브랜딩하였습니다. 2010년대 중반부터 글래스고는 문화 도시의 기반 위에 의료 기술 및 연구 분야에서 혁신적인 역할을 한다는 것과 친환경적인 도시로서의 이미지를 강화한다는 것을 강조하기 위해 '의료 혁신 도시', '창조 도시', '녹색 도시', '지속 가능한 도시' 등의 다양한 슬로건을 제시하면서 도시 브랜딩을 더욱 포괄적인 방향으로 바꾸었습니다. 그 결과 2019년 유럽 연합 집행위원회에서 선정한 영국의 문화 창조 수도가 될 수 있었습니다.

이처럼 글래스고는 수십여 년간 문화 도시로서 도시 브랜딩과 마케팅을 강화해 나가면서 옛 산업 도시의 이미지와 연관된 부정적인 과거에서 벗어나, 현대적이고 역동적인 도시로 재조명받게 되었습니다.

TIP 가장 폭력적인 지역에서 안전한 도시로

글래스고는 도시 안전 부문에서 오랫동안 유럽에서 가장 위험한 도시 중 하나였습니다. 영국의 경제 및 평화 연구소IEP에 따르면 2012년까지 30년 동안 글래스고는 갱, 마약, 칼 범죄 등으로 영국에서 가장 폭력적인 지역으로 간주되어 왔습니다. 이와 같은 문제를 해결하기 위해 글래스고는 1990년 초반부터 안전 문제를 해결하기 위해 노력하였습니다. 도시는 지역 사회 안전 파트너십 조직 구성을 통해 안전 문제를 해결해 나가고자 하였습니다. 비록 경제 상황 때문에 경제 발전이 최우선이 되었지만 이에 대한 노력도 꾸준히 진행되었습니다.

특히 스코틀랜드 경찰의 활약으로 도시 내 폭력 범죄율이 지속적으로 감소하였습니다. 넘베오^{Numbeo} 복합 범죄 지수(worldatlas.com 편집)를 기반으로 연구된 글래스고의 범죄율을 보면 2006-2016년 사이, 살인율이 50% 이상 감소하였고, 범죄율도 30% 정도가 낮아졌습니다. 다른 도시에 비해 여전히 높은 수치를 보이지만 1976년 이래 가장 낮은 수치의 결과를 보였습니다. 한편 2011년 머서의 삶의 질과 생활 환경 보고서는 범죄 수준, 법 집행의 유효성, 내부 안정성 및 개최국의 국제 관계 순위에 따라 평가된 안정성에서 44위에 올랐습니다. 다른 유럽 도시들의 순위보다 낮지만 애버딘, 벨파스트, 런던 등 영국 내 다른 도시들보다 안전성에서 높은 도시로 선정된 것입니다. 글래스고는 시민들의 안전을 위해 노력해 나가면서 범죄율을 지속적으로 줄여 나가고 있다는 점에서는 긍정적입니다. 다만 아직까지 위험 도시의 순위에 오르고 있다는 점은 앞으로 도시가 풀어 나가야 할 과제입니다.

창조적 발상의 교육 환경과 글래스고대학교

'사람이 글래스고를 만든다.^{People make Glasgow}'라는 슬로건은 지금까지 글래스고의 혁신을 이끄는 밑바탕이 되었습니다. 도시의 건축, 문화, 예술, 경제 등 다양한 측면에서 시민들의 참여와 역할이 도시의 성장에 중요한 영향을 미친다는 의미입니다. 즉 도시의 성장은 단지 정부의 역할로만 이루어지는 것이 아니라, 시민들의 열정과 창조성[43]에 의해 형성된다는 것입니다. 이러한 도시 창조성의 근원 중 하나는 유연한 교육 시스템과 대학 교육에 있습니다.

먼저 글래스고의 교육 과정을 보면 일관성보다는 유연하고 풍부한 교

---

43) 산업 혁명을 이끌었던 증기 기관의 제임스 와트, 『국부론』을 쓴 현대 경제학의 선구자 애덤 스미스, 아르누보 양식을 대표하는 건축가이자 디자이너인 찰스 레닌 매킨토시 등의 인물들이 모두 글래스고 출신이었습니다.

육 과정을 제공함으로써 교육의 변화를 달성하는 것을 목표로 합니다.[44] 이러한 도시 교육의 기반에는 스코틀랜드 정부의 교육 목적이 있습니다. 스코틀랜드 정부는 삶의 전반에 걸친 학습의 중요성을 인식하고 평생 학습을 교육 전략으로 추진하고 있습니다. 어린이들과 젊은이들이 성공적인 학습자가 되기를 바라고, 개인이 자신감을 얻으며, 책임 있는 시민과 유능한 공헌자가 되기를 목적으로 합니다. 이는 끊임없이 변화하는 세계에서 생활과 업무, 학습에 필요한 기술을 개발하는 데 도움을 주기 위함입니다.[45] 도시는 청소년들이 학문적인 과목뿐만 아니라 예술, 음악, 스포츠 등 다양한 분야에서 자신의 잠재력을 발휘할 수 있도록 돕고 있습니다. 진로 및 직업 탐색을 위한 프로그램을 제공하여 진로 계획 세우기를 돕고, 진학 및 취업을 지원합니다. 도시는 미래 인재 양성을 위해 진행되는 융합 교육 프로그램에서도 강점을 보입니다. 7년제로 진행되는 초등 교육의 경우 영어와 수학 외에는 교과서와 시험이 없어 자연스럽게 창의적이고 융합적인 교육[46]이 이루어집니다. 또한 다양성과 포용성이 기반인 도시 문화 속에서 상호 존중 및 협업 능력이 자연스럽게 배양되도록 지원합니다.

창의적인 초·중등 교육과 더불어 글래스고는 전 세계적인 대학 교육의 명소로 알려져 있습니다. 특히, 1451년 문을 열어 550년[2001년 기준]이라

---

44) Glasgow 웹사이트 (https://www.glasgow.gov.uk/)

45) Educationscotland 웹사이트 (http://www.educationscotland.gov.uk/), 2016.09.20.

46) 예를 들면 지난봄에 아이슬란드 화산이 폭발해서 유럽 전역의 항공 교통이 마비됐을 때 희찬이의 초등학교에서는 2주일에 걸쳐 '화산 프로젝트'를 진행했다. 즉 화산이 어떻게 형성되고 어떤 원리로 폭발하게 되는지를 실험해 보며 과학 수업을 하고, 화산이 폭발한 나라인 아이슬란드의 역사와 아이슬란드를 탐험한 바이킹의 이야기를 배우며 자연스레 지리와 역사 공부를 하고, 신문지와 물감으로 화산 모형을 만들며 미술 수업도 하는 것이다. (「영국 학교는 이렇게 다르다」, 『신동아』, 2010년 10월호, http://shindonga.donga.com/)

는 긴 역사를 자랑하는 글래스고대학University of Glasgow은 지역 엘리트 교육과 평생 교육, 그리고 지식 기반 경제의 토대가 되었습니다. 『국부론』을 통해 현대경제학의 핵심 이론을 이끈 애덤 스미스Adam Smith, 증기 기관 발명을 발명해 산업 혁명을 이끈 제임스 와트James Watt, 물리학자 로드 켈빈Lord Kelvin, 텔레비전 발명가인 존 로기 베어드John Logie Baird 등이 바로 이 대학 출신입니다. 2013년 타임즈가 선정한 대학 순위에서 영국 내 학업 우수성이 12-13위, QS 세계 대학 순위2012/13에서 세계 51위에 올랐습니다. 영국의 아이비리그로 불리는 러셀그룹Russell Group의 회원이자 우니베르시타스Universitas 21의 회원으로 여전히 세계적인 명문 대학으로 손꼽힙니다. 네오고딕 양식의 클락대학, 힐헤드 돔, 갈러리, 헌터언더그라운드 등의 캠퍼스는 영화 「해리포터」의 촬영지로 알려져 연간 10만 명이 넘는 방문객이 찾습니다.

글래스고대학교

글래스고대학은 수많은 분야에서 강력한 연구 기반을 보유하고 있습니다. 의학, 공학, 자연 과학, 사회 과학 등 여러 분야에서 우수한 연구자와 학생들을 배출하였으며, 지금도 최신 기술과 이론을 활용한 다양한 연구 프로젝트를 진행하고 있습니다. 의학 분야에서는 대학의 의과 대학과 연구소가, 공학 분야에서는 로보틱스, 인공 지능, 통신 및 정보 기술, 신재생 에너지, 항공 우주 분야 등 분야의 연구소가 프로젝트를 수행하고 있습니다.

2021년 기준 대학의 연구원 수만 해도 무려 약 4천 명에 달하며, 이 인재들이 도시에 혁신을 불어넣고 있습니다. 대학은 이들이 스스로 아이디어를 개발하고, 비즈니스 모델을 구축할 수 있도록 지원하며 도시 창업 생태계의 기반이 되었습니다. 물론 글래스고대학은 인재들이 글래스고뿐만 아니라 국제 사회에서 자신들의 역량을 충분히 펼쳐 나갈 수 있도록 지원하며 창조 권력으로의 성장을 이끌었습니다. 이렇게 형성된 창조 권력은 창업, 기술, 경제, 문화 예술뿐만 아니라 기후 변화, 환경 문제, 사회적 불평등, 건강 등 글래스고에 새로운 아이디어와 솔루션을 창출하는 거대한 힘이 되었습니다.

창조 산업의 기반 '클라이드'와 지속 가능한 도시 경제

글래스고는 도시 경제의 미래를 이끌어 갈 지역을 선정해 미래 산업과 창조 인재를 유치하였습니다. 대표적인 장소가 과거 세계 무역을 이끌었던 클라이드^{Clyde}의 태평양 부두$^{Pacific\ Quay}$입니다. 약 20년 전까지만 해도 비어 있던 이곳에 BBC, STV, 갤럭시 FM을 비롯해 관련 미디어 기업들이 이주하면서 영국을 대표하는 디지털 미디어의 허브로 탈바꿈되었습니다. Channel 4 및 국영 방송사 외에도 엔터테인먼트 분야 콘텐츠를 제작하는 전문적인 독립 제작 기업들도 자리를 잡았습니다. 영화, TV 및 라디오, 광고, 출판 및 디자인, 웹 및 디지털 미디어, 애니메이션, 소프트웨어 및 게임 개발 등 기업들이 자리를 잡으면서 도시의 미래를 열어 가는 새로운 산업 중심지가 되었습니다.

태평양 부두 Pacific Quay

글래스고는 스코틀랜드 3대 도시인 애버딘, 에든버러와 함께 2000년대까지 꾸준히 경제 성장을 이루었지만, 또다시 재정적인 충돌을 경험하게 됩니다. 미국의 리서치 기업 노마Knoema의 자료를 보면 1인당 국내 총생산은 2000년 3만 4천 달러에서 시작해 2008년 4만 2천 달러로 최대에 이릅니다. 이후 영국 내 경기 침체로 인해 약 3만 9천 달러[2009-2012년]로 감소하는 결과를 보입니다. 애버딘과 애든버러는 일찍 침체의 늪에서 빠져나왔지만, 사실 글래스고는 2010년대 중반까지 고용 둔화를 겪었습니다. 하지만 더 큰 문제는 2016년 영국이 유럽 연합 탈퇴, 즉 브렉시트^{Brexit}를 선언함에 따라 유럽 내에서 스코틀랜드의 위치에 대한 고민과 경제적 부담이었습니다. 코로나19 역시 도시 경제에는 크나큰 부담이 되었습니다. 그럼에도 불구하고 글래스고의 전반적인 기업 혁신 시스템과 창업 생태계를 구축하면서 다른 유럽 도시보다 빠르게 경제를 회복하였습니다. 7개의 국가 혁신 센터 중 5개가 글래스고 지역에 자리를 잡은 것이 큰 힘이 되었기 때문입니다. 이를 통해 기술 발전을 가속화하고 시장 진입을 위한 노하우를 보유하게 되면서 또 다른 첨단 기업들을 유인할 수 있었습니다. 특히 정부와 산업, 그리고 대학 간의 긴밀한 협력을 통한 기술 혁신이 기업의 요구에 부합하였습니다. 산업의 하드웨어와 소프트웨어가 균형을 이루어 가면서 글래스고는 경제 부문에서도 지속 가능성을 높여 나갈 수 있었습니다.

   포스트 코로나 시대에 들어서부터는 핀 테크, 데이터 과학, 소프트웨어 엔지니어링, 사물 인터넷, 디지털 미디어, 클라우드 컴퓨팅, 우주 기술 및 엔지니어링 분야에서 다국적 기업 및 기술 신생 기업을 위한 영국 최고의 투자처가 되었습니다. 또한 2021년 제26차 유엔기후변화협약 당사국총회^{COP26}를 개최하면서 새로운 도약의 기회를 마련하게 되었습니다. 향후 30년 동안 청정에너지 분야에 '탄소 중립을 위한 글래스고 금융 연합^{GFANZ}'이 연간 약 4조 달러를, 청정에너지 기술 개발에 약 100조 달러 투자 계획을 발표하였기 때문입니다. 이제 글래스고는 기후 위기를 극복하기 위한 탄소 중립 시대에 미래 산업을 선도하는 글로벌 도시로서 한층 더 도약할 수 있게 되었습니다.

소수 민족에 대한 포용에서 시작된 관용

글래스고는 소수 민족에 대한 높은 관용성과 포용성을 통해 도시의 문화적 다양성을 확대시켜 나갔습니다. 이를 위해 도시는 모든 사람이 동등한 기회를 가지고 살아갈 수 있는 기반과 환경을 제공하였습니다.

글래스고의 인종적 다양성은 에든버러, 애버딘과 비교하면 다소 낮은 편이지만 그래도 스코틀랜드 전체를 보면 높은 도시 중 하나입니다. 과거 아시아계 이민자가 차지하는 비율이 높았기 때문에 인종적 다양성이 높지 않았지만 최근 여러 국가의 사람들이 도시로 이주해 오면서 다양성은 증가하였습니다. 실례로 2001-2011년 사이 도시의 인종적 다양성 지수는 2.9에서 5.4로 매우 높은 증가율을 보였습니다. 또한, 도시는 전체 인구에서 스코틀랜드인을 제외한 인구가 무려 20%에 달할 정도로 이민자가 많습니다. 기타 백인 8% 파키스탄 4%, 아프리카 2%, 중국 2% 등의 분포를 보입니다. 산업 혁명과 제1, 2차 세계 대전 전후, 그리고 1960-1970년대뿐만 아니라 2000년대 이후로도 유럽, 아프리카, 중국 등에서 이민자가 지속적으로 유입되었습니다. 이는 높은 관용도를 기반으로 도시가 이민자들의 정착을 돕기 위한 프로그램을 직접 운영하고, 미래 사회에 대비하여 해외 인재를 적극적으로 유인하였기 때문입니다.

또한 글래스고는 영국 내 도시의 관용도 평가에서 매번 상위에 올랐을 정도로 성 소수자에 대한 관용도 매우 높습니다. 먼저 글래스고가 있는 스코틀랜드에서는 2014년부터 동성 결혼이 합법화되었으며 이들의 권리를 인정하고 있습니다. 매년 6월, 도시에서는 약 5천 명의 사람들이 참여하는 스코틀랜드 최대 규모의 LGBT 축제인 글래스고 프라이드가, 9월에는 스코틀랜드 최대 규모의 퀴어 국제 영화제가 열립니다. 도심 거리의 상점과 카페마다 작은 무지개 깃발들이 꽂혀 있을 정도로 도시는 성 소수자의 다양성을 인정하고 이들의 방문을 적극적으로 반깁니다. 워크숍·좌담회·토론 등을 열고, 다양한 예술 문화 행사를 개최하면서 이들과 문화적·경제적 번영을 위한 협력을 꾸준히 추진하고 있습니다.

이처럼 서로를 존중하고 상호 작용하며, 함께 어우러져 살아가는 글래스고의 문화는 도시를 더욱 다양하고 풍성한 곳으로 만들었습니다. 그리고 이는 도시의 문화 예술과 산업, 교육 등 사회 전반에 걸쳐 영향을 미치며 창조적 사고의 원천이 되었습니다.

유네스코 창의 도시와 창조 도시 네트워크

유네스코 창의 도시 네트워크^{CCN, The Creative Cities Network}의 대표 도시인 글래스고는 2008년 음악 도시^{GUCoM, Glasgow UNESCO City of Music}로 선정되면서 스코틀랜드의 지원으로 음악 분야에서 세계적인 네트워크[47]를 형성하였습니다. 기획·재무 관리·마케팅뿐만 아니라 문화 예술의 전략적 사고와 생산·데이터베이스 및 공동 작업 등을 지원하였습니다. 또한 예술가들이 지식을 공유하고 협력할 수 있도록 돕고, 학생들 간의 교류 사업도 확대

---

47) 영국 내 자매 유네스코 도시로 가까이에 에든버러가 있으며, 음악 도시의 유네스코 서브 네트워크는 현재 볼로냐, 겐트, 세비야, 그리고 비유럽 도시로 콜롬비아 보고타를 포함합니다.

하였습니다. 여기서 도시는 예술가들의 연습과 정보를 공유하고, 기회를 창출하기 위한 새로운 기회도 제공하였습니다. 국제 플랫폼을 통해서 글래스고 음악가들이 직접 제작한 작품을 올릴 수 있도록 하였고, 이를 온라인 방송을 통해 공개하면서 이들의 활동을 지원하였습니다.

또한 글래스고는 2014년 71개국이 참여하고, 17개 스포츠 경기가 진행되는 영연방경기대회$^{Commonwealth\ Games}$를 유치하면서 스포츠 분야에도 과감한 투자를 이루어 냈습니다. 이 대회가 추진되면서 생성된 투자로 도시 전체에서 다양한 분야의 일자리가 창출되었습니다. 선수촌, 실내 스포츠 경기장, 자전거 경주장 및 수생 센터가 조성되었으며, 이로 인해 도시의 지속적인 건강과 교육의 혜택을 가져오게 되었습니다.$^{Talent\ \&\ Enterprise\ Taskforce,\ 2012}$ 도시는 2018년 첫 유럽 선수권 대회를 개최했으며, 2021년 유엔 기후 변화 회의^{COP26}도 주최했습니다. 이처럼 다양한 문화 예술 축제와 스포츠 경기, 그리고 세계적인 규모의 국제회의를 개최하면서 글래스고는 스코틀랜드에서 에든버러 버금가는 관광 도시로 성장하게 되었습니다. 특히 주로 하계에 큰 규모의 문화 예술 축제들이 집중되는 에딘버러와 달리 글래스고는 영화, 시각 예술, 재즈 등의 다채로운 축제를 연중 개최하면서 지속 가능한 관광 생태계를 조성해 나갈 수 있었습니다.

친환경 도시와 글래스고 기후 합의

도시 안팎으로 약 100개의 공원과 정원을 보유하고 있는 글래스고는 일상 속에서 환경 친화적인 삶이 이루어지는 생태 도시를 목표로 하고 있습니다. 도시는 많은 유휴지를 팝업 가든, 놀이 공간 등의 지역 커뮤니티 공간으로 개조하여 시민들이 이용할 수 있도록 하였습니다. 플록 컨트리공원Pollok Country Park에는 자생 야생화를 재배하는 야생화 보육원을 설립하여 생태 보전에 대한 글래스고의 자부심과 가치를 보여 주고 있습니다. 시민들이 집을 떠나는 순간부터 퇴근할 때까지 자연에 푹 빠져 생활할 수 있는 환경을 만들어 가며, 환경 친화적 도시로서의 역량을 높이고 있습니다.

특히 2021년 도시의 주요 기관과 기업 등은 녹색 회복을 위해 탄소 배출량을 줄여 나가는 지속 가능한 글래스고 헌장을 출범시켰습니다. 지역 사회, 기업, 대학 등이 파트너십을 통해 2030년까지 탄소 중립을 실현하기로 결정하였습니다. 이를 추진하기 위해 도시는 지속 가능한 정책과 혁신 및 행동을 위한 세계 최고의 중심지로 발돋움하기 위한 목표를 세웠습니다. 가로등을 LED로 변경하고 재생 에너지 활용, 전기 자동차 충전소 네트워크 확장 등의 기후 친화적인 인프라를 구축하였습니다. 다양한 분야에서 혁신적인 솔루션을 생산하도록 녹색 일자리 및 도시 변화에 대한 대규모 기후 중립 접근 방식도 지원하였습니다. 또한 유럽의 여러 도시와 함께 자연 기반 해법을 통해 도시들이 지속 가능한 도시 개발을 진행할 수 있도록 재정을 지원하는 '커넥팅 네이쳐Connecting Nature 프로젝트'를 운영하고 있습니다.

제26차 유엔기후변화협약 당사국총회(COP26)

    기후 위기에 대응하기 위한 글래스고의 노력은 여기에 그치지 않습니다. 도시는 제26차 유엔기후변화협약 당사국총회^{COP26}을 성공적으로 개최하였고, 석탄을 포함한 온실가스 배출을 감축하는 '글래스고 기후 합의$^{Glasgow\ Climate\ Pact}$'의 채택도 이끌어 내었습니다. 이는 기후 변화 대응에 대한 글래스고의 적극적이고도 강력한 의지를 보여 줍니다. 또한, 플라스틱 사용을 줄이기 위해 다양한 전략도 제안하고 실천하고 있습니다. 일회용 플라스틱 사용을 단계적으로 폐지하고 2030년까지 불필요한 플라스틱을 없애기로 결정하였습니다. 더 나아가 제로 웨이스트 주도권 계획을 지원하고, 플라스틱 및 비닐 포장지 사용을 줄이는 다양한 캠페인을 진행하고 있습니다. 이처럼 글래스고는 기후 위기 시대에 기후 친화적인 인프라 개선, 지속 가능한 교통수단 개발 및 활용, 신재생 에너지 확대 등 다양한 분야에서 혁신적인 아이디어를 내고, 지속적인 노력을 기울이며 친환경 선도 모델로서 도시 역량을 강화해 나가고 있습니다.

미래 도시 프로젝트로 시작된 스마트 도시

앞서 2013년 이노베이트UK의 '미래 도시future of cities 프로젝트'에서 우승했을 정도로 글래스고는 일찍부터 영국을 대표하는 스마트 선도 도시였습니다. 2014년 영연방경기대회를 유치하는 준비 과정에서 도시는 스마트 도시와 관련한 기반 시설을 조성하였습니다. 이노베이트UK로부터 스마트 도시 분야 시범 도시로도 선정되어 정부로부터 지원을 받았고, 유럽 연합EU에서 진행하는 스마트 도시 프로젝트에도 참여하여 관련 지원을 받았습니다. 그 결과 글래스고는 빅 데이터를 비롯해 에너지, 안전, 공공 서비스, 지역 사회 등의 여러 분야에서 괄목할 만한 성과를 이루었습니다. 먼저 도시 곳곳에 카메라를 설치하여 시민들의 안전을 돕고, 체계적인 교통 시스템도 구축하였습니다. 빌딩과 가로등에는 센서를 설치하여 다양한 도시 정보를 수집하고 이를 적극적으로 활용해 나가면서 스마트 도시의 선도 모델이 되었습니다. 지능형 가로등, 즉 가로등에 센서를 설치하여 차량의 흐름을 실시간으로 파악하였습니다. 차량 통행이 잦을 때는 가로등을 켜고, 다니지 않을 때는 불빛을 낮춰 약 68%의 에너지 소비를 줄였습니다. 또한, 공공장소에서 이동자들의 행동 패턴을 파악해 범죄율도 줄여 나갔습니다. 주차 공간에도 센서를 설치하여 운전자들이 애플리케이션을 통해 빈 공간을 쉽게 찾을 수 있도록 도왔습니다. 그 핵심은 공공 정보를 취합하여 이를 분석하는 글래스고 중앙 운영 센터Glasgow Operations Centre입니다. 관련 전문가들이 모여 데이터를 분석하고, 이를 안전, 경제, 교육, 교통, 에너지, 지리 등 도시의 각 분야에 활용해 나가면서 시민들의 삶의 질을 개선해 나간 것입니다. 이렇게 취합된 데이터는 누구나 활용할 수 있도록 오픈 데이터 카탈로그를 통해 모든 시민에게 공개하였습니다. 또한, 각종 기관과 편의 및 복지 시설 등의 접근과 연관, 패턴에 관한 정보를 오픈맵$^{Open\ Maps}$을 통해 제공하였습니다.

특히, 글래스고는 건축물의 에너지 효율을 높이고, 탄소 절감을 위한 프로젝트를 실천해 나가며 스마트 에너지의 기반을 구축하였습니다. 정보 통신 기업 시스코의 에너지 솔루션 사업부$^{Energy\ Solutions\ Group,\ ESG}$와 함께 협력하여 학교 에너지 절감 사업을 진행하였습니다. 파일럿 프로젝트를 통해 약 240개의 학교에 전력 사용량을 모니터링하여 매주 탄소 절감에 대한 정보를 제공하였습니다. 에너지 효율이 낮은 전자 기기에 대한 정보도 제공하여 도시의 에너지 정책을 개선해 나갔습니다. 시에서는 에너지 사용량을 모아 이를 분석해 시민들에게 애플리케이션으로 제공하였습니다. 단순히 사용 정보만 제공하는 것이 아니라 비슷한 가정의 에너지 사용량을 함께 제공하여 비교할 수 있도록 하였습니다. 이는 시민들에게 에너지 절약의 동기를 부여하는 계기가 되었습니다. 또한, 지역 대학과 협업을 통해 신재생 에너지를 개발하기 적합한 공간에 대한 정보를 지역 사회와 시민에게 제공하여 저탄소 에너지 정책을 실천해 나갔습니다.

무엇보다 도시는 스마트 도시의 목표를 주민들의 삶의 질을 높여 나가는 데 목적을 두고 이를 추진하는 과정에서 다양한 부분에서 시민 참여가 진행될 수 있도록 하였습니다. 커뮤니티 맵$^{Community\ Mapping}$을 통해 시민들이 협력하여 지역 사회에 대한 정보와 지식을 바탕으로 데이터를 축적·생성해 나가고, 오픈스트리트맵, 푸쉬핀과 같은 도구를 활용해 '미래 지도$^{Future\ Maps}$'를 그려 나가고 있습니다. 도보 및 자전거 이용 정보를 제공하는 시민들의 건강을 증진하는 액티브 트래블$^{Active\ Travel}$을 통해서는 도시 내 교통 체증을 줄이고, 환경 오염도 감소시켜 나가고 있습니다. 해마다 열리는 해거톤^{Hackathon}을 통해서 수상한 아이디어는 실제 주민 생활에게 적용해 실천해 볼 수 있도록 돕고 있습니다.

글래스고는 실시간 정보를 제공하는 지능형 대응 방식의 스마트 도시를 구축하여 크고 작은 사건들을 뛰어나게 대처하고 있습니다. 여행, 에너지, 관광, 공공 안전 및 교육 분야 등 60여 개의 분야에 개방형 데이터 카탈로그를 무료로 제공하여 시민들이 스스로 혁신적인 솔루션을 만들어 나가도록 돕습니다. 이처럼 글래스고는 도시의 여러 부문에서 시민 참여를 이끌고 여기에 스마트 기술을 접목하면서 도시 문제를 해결하고 시민들의 삶의 질을 높여 나가고 있습니다.

결론: 글래스고의 지속 가능성 평가

글래스고는 경제 위기 속에서 도시 재생을 통해 유럽 문화 수도^{ECOC}를 유치하고, 도시의 문화 예술과 첨단 산업 역량을 키워 나가면서 도시의 지속 가능성을 높여 나갔습니다. 도시 개발에서 시 의회의 문화 프로젝트와 유럽 문화 수도 선정, 낙후 지역 재생을 통한 문화 예술 역량 강화, 창조 지역을 중심으로 한 미래 산업 육성, 초·중등 교육 및 대학의 창조적 교육 환경과 우수 인재의 배출, 소수 민족에 대한 포용에서 시작된 관용 문화, 탄소 중립 프로젝트로 시작된 스마트 도시 전략 추진 등을 통해 도시의 미래를 준비하였습니다. 글래스고가 미래 도시의 모델로 선도적 위치에 설 수 있었던 배경과 전략, 실천 등을 정리해 보면 다음과 같습니다.

첫째, 글래스고는 지속되는 위기 상황에서 시 의회가 중심이 된 행정적·재정적 지원을 기반으로 다양한 도시 개발 전략을 추진할 수 있었습니다. 시 의회에서는 도시의 풍부한 문화유산의 가치와 중요성을 인식하고 지속 가능한 도시 성장을 위해 문화 중심의 도시 개발 정책을 추진하였습니다. 쇠퇴한 공업 도시의 이미지를 벗고 문화 산업 중심지임을 부각시키기 위해 추진된 프로젝트를 글래스고는 수십여 년간 지속해 오면서, 결국 문화 도시로서 도시 브랜딩을 더욱 강화해 나갈 수 있었습니다. 또한, 문화 도시로의 변화에 대한 지역 발전 모델을 제시함에 있어 사업 추진 및 협력 주체로서 시 의회, 기관, 민간 기업, 지역 주민 등의 모범적인 거버넌스가 있었습니다. 도시의 문화 예술 정책의 수립 과정에서 각 분야별 전문가와 협치하였고, 적극적인 지역 주민 참여도 이끌어 내면서 영국을 대표하는 거버넌스의 모델이 되었습니다.

둘째, 글래스고는 풍부한 문화, 건축 유산을 보존 및 활용하고, 문화 예술 분야를 육성해 나가면서 문화 도시로서의 역량을 키워 나갈 수 있었습니다. 빅토리아 시대의 건축물과 다양한 문화 공간의 조성으로 글래스고는 1986년 '1990년 유럽 문화 수도^{ECOC}'로 지정되었습니다. 유럽 문화 수도 선정 이후 단기적 경제 성장에 머무르지 않도록 경제적, 사회적 요인 등 다인적 요인에 의해 도시는 지속 가능성을 확보해 나갈 수 있었습니다. 예술가와 문화 공간이 경제 성장을 위한 도구로 사용되었던 점은 비판을 받기도 했지만, 결국 문화 산업의 수익은 다시 문화 예술 분야의 재투자되었습니다. 또한 2008년 유네스코 창의 도시에 선정되면서 글래스고의 예술가 교류, 지식 공유, 학생 교류 등의 사업 등을 통해 음악 분야에서 도시의 글로벌 역량을 강화해 나갈 수 있었습니다. 2014년 영연방경기대회 유치를 유치하면서 스포츠 분야의 투자도 이끌어 내었습니다. 이를 통해 글래스고는 다양한 스포츠 분야를 육성하고 시민 스포츠를 활성화시키며, 시민들의 지속적인 건강 관리와 교육적 혜택을 높여 나갈 수 있었습니다.

셋째, 글래스고는 창조적 인재를 양성하고 유인하여 도시에 혁신을 불어넣었고, 첨단 산업 분야를 육성해 나가면서 미래 경제의 기반을 마련해 나갈 수 있었습니다. 먼저 지식의 요람인 글래스고대학은 지역 엘리트 교육과 평생 교육, 그리고 지식 기반 경제의 토대가 되었습니다. 대학은 최신 기술과 이론을 활용한 다양한 연구 프로젝트를 진행하고, 인재들의 아이디어 개발 및 비즈니스 모델 구축을 지원하였습니다. 이렇게 배출된 인재들은 창조 권력으로서 글래스고에 새로운 아이디어와 솔루션을 창출하는 강력한 원동력이 되었습니다.

또한 글래스고는 도시의 미래를 위해 창조 지역을 선정해 첨단 산업 유치하였습니다. 클라이드의 태평양 부두$^{Pacific\ Quay}$가 재개발로 BBC, 스코틀랜드 텔레비전, 갤럭시 FM 등 첨단 기업이 자리 잡으면서 도시 성장의 기반이 되었습니다. 특히, 국가 혁신 센터가 자리 잡으면서 이는 기술 혁신과 첨단 기업을 유인할 수 있는 원동력이 되었습니다. 포스트 코로나 이후 다국적 기업 및 기술 신생 기업을 위한 영국 최고의 투자처가 되었을 뿐만 아니라 유엔기후변화협약 당사국총회 개최와 탄소 중립을 위한 글래스고 금융 연합의 투자를 이끌면서 미래 산업을 선도해 나갈 수 있게 되었습니다.

넷째, 글래스고는 에너지, 안전, 공공 서비스, 지역 사회 등 도시의 여러 부문에 스마트 기술을 접목하면서 사회 문제를 해결하고 시민들의 삶의 질을 높여 나갈 수 있었습니다. 먼저 도시 곳곳에 카메라를 설치하여 시민들의 안전을 돕고, 체계적인 교통 시스템도 구축하였습니다. 빌딩과 가로등에는 센서를 설치하여 다양한 도시 정보를 수집하고 누구나 활용할 수 있도록 오픈 데이터 카탈로그 제공하면서 스마트 기술의 성장을 이끌었습니다. 건물의 에너지 효율을 높이고, 탄소 절감을 위한 모니터링을 통해 저탄소 에너지 정책을 실천하였습니다. 또한 시민 협력의 커뮤니팅 맵핑과 도시 미래 지도 제작, 스마트 시티를 조성을 위한 해커톤 등을 실천하면서 영국을 대표하는 스마트 도시 모델이 되었습니다. 이처럼 글래스고는 주민들의 삶의 질을 높여 나가기 위해 스마트 도시 전략을 추진하면서 다양한 부분에서 시민 참여를 이끌고, 실제 주민

생활에 적용해 보면서 도시의 지속 가능성을 높여 나가고 있습니다.

이처럼 글래스고는 도시의 수많은 위기를 극복해 나가면서 밀레니얼 시대 최고의 영국 도시 조사에서 1위[2019년]에 선정될 수 있었습니다. 검은 굴뚝 도시에서 혁신적 에너지로 도시 변화를 선도해 가는 문화 도시가 된 것입니다. 유럽 문화 수도와 같은 혁신적 도시 마케팅 전략과 민관이 함께 협력하여 도시 창조성을 극대화시킨 결과입니다. 도시 위기를 새로운 성장 동력으로 삼아 다양한 프로젝트를 실천해 나가는 글래스고 힘은 결국 문화 자원만 아니라 변화를 두려워하지 않고 진취적으로 해결해 나가는 도시의 혁신에 있습니다

5부

일본의 요코하마

도시 개관

요코하마의 위치

　요코하마는 일본 혼슈 중부 가나가와현神奈川縣의 관청 소재지이자 도쿄만에 면한 항구 도시입니다. 면적 435km², 인구 약 372만 명2022년 기준으로 일본 제2의 도시로 불리고 있습니다.

　에도 시대 때 작은 어촌에 불과했던 요코하마는 막부 말기, 미국을 비롯한 주요 열강들의 각축장이었습니다. 일본에서는 외국과의 교류를 제한하고 있었지만, 1853년 매슈 페리 제독을 이끄는 미국 함대가 일본에 도착하여 미국 측의 요구를 수용하게 되면서 일본도 외국과 교류를 시작하게 되었습니다. 이에 에도 막부는 1854년 미일화친조약을 체결하고, 시모다와 하코다테를 개항하였습니다. 그 후 4년 뒤, 일본은 다시 미국의 요구에 따라 미일수호통상조약을 체결하면서 니가타, 고베, 나가사키, 하코다테와 함께 요코하마를 개항 도시로 지정하였습니다. 요코하마가 개항하면서 그곳에 외국인 거주지가 생기고, 여러 금융 기관이 생겨나면서 지역 경제는 자연스럽게 발전하게 되었습니다.

　1868년 메이지 유신으로 요코하마는 완전히 개방되었고, 1889년 가나가와와 요코하마가 합쳐져 요코하마시가 되었습니다. 그러나 1923년의 대지진과 화재, 1945년 제2차 세계 대전 말기의 미국의 공습으로 인해 큰 피해를 입어 도시 형성이 지체되었습니다. 1950년대 미군이 도시를 접수한 이후, 경제 기능은 전멸하고, 인구는 외부로 유출되었습니다. 그러나 1960년대 중화학 공업의 발전으로 도시가 고도성장하면서 인구는 다시 급증하게 되었습니다. 또한 도쿄의 지가 상승으로 인해 서민들이 거주하는 베드타운으로 변화하였습니다. 그러나, 도시 규모는 확대되었지만 과도한 인구 집중으로 기반 시설 등이 부족했습니다. 주거지와 상업 지역의 구분이 모호하고, 무질서한 상태가 지속되면서 이에 대한 정비가 시급한 상황이었습니다. 오랫동안 매춘이 성행하고, 야쿠자가 영향력을 행사하였습니다. 이러한 부정적인 도시 이미지 때문에 요코하마는 오랫동안 시민과 관광객들로부터 외면받았습니다.

　도시는 이러한 문제점을 인식하고, 칸나이 일대와 요코하마역 일대로 양분되어 있던 도심을 일체화시키기 위해 신항만을 중심으로 도심을 확대해 나가는 미나토미라이21을 추진하였습니다. 상주인구 약 1만 명에 약 20만 명의 고용을 목표로 추진되었지만 1980년대 후반 거품 경제 붕괴로 한 때 지연되기도 하였습니다. 그래도 1990년대 이후로는 지속적으로 사업이 추진된 결과, 요코하마항은 도시의 산업과 관광을 이끄는 복합 공간으로 재탄생하게 되었습니다. 이러한 성장 과정에서 거치면서 도시는 조금씩 기본적인 구조를 갖춰 나가기 시작했습니다. 요코하마 랜드마크 타워, 퀸즈 스퀘어 요코하마 등 여러 건축물이 세워졌고,

항만, 공항, 철도 등이 연계된 입체적인 교통 시스템도 도입되었습니다. 결국, 미나토미라이21은 요코하마가 지속 가능한 도시로 성장할 수 있는 기반을 구축하는 데 있어서 중요한 역할을 담당하였습니다. 물론, 사업을 추진하면서 기존 중심지였던 칸나이가 쇠퇴하는 문제가 발생하긴 했지만 이로 인해 낙후 지역에 대한 도시 재생도 함께 추진될 수 있었습니다.

요코하마의 행정 구역은 아바쿠, 아사히쿠, 호도가야쿠, 르소고쿠, 르주미쿠, 가나가와쿠, 가나자와쿠 등의 18개 구로 이루어져 있습니다. 주요 명소는 주로 외국인 정착지인 칸나이에 집중되어 있습니다. 칸나이는 크게 일본에서 여러 서양 문명의 발상지로 알려진 바샤미치를 비롯한 차이나타운, 야마시타 공원 등으로 구성되어 있습니다. 가나가와 현청(왕의 탑), 요코하마 세관(왕비의 탑)/세관 자료실, 가나가와현립 역사박물관(구 요코하마 특수은행 본점), 요코하마 도시발전기념관과 요코하마 유라시아 문화관 등 역사적으로 오래된 건축물이 많이 남아 있습니다.

야마시타 공원

야마시타 공원의 박물관 선박인 히카와마루, 범선 니폰마루, 세계에서 가장 큰 등대 섬인 요코하마 마린타워, 세계에서 가장 큰 차이나타운인 요코하마 차이나타운이 있고, 인근에는 요코하마 스타디움, 요코하마 실크 박물관 및 요코하마 인형 박물관이 자리 잡고 있습니다. 화려한 상점과 술집이 자리 잡은 이세자키초와 노게 지역은 외국인 방문객들이 즐겨 찾는

요코하마 마린타워

곳입니다. 모토마치 상점가에서 언덕으로 이어진 외국인 저택 지역 야마테, 이 지역 공원 내에는 장미 정원과 현대 문학 박물관 등도 인기 명소입니다.

미나토미라이21항 주변 재개발 지역에는 쇼핑몰인 퀸즈 스퀘어 요코하마와 관람차인 코스모클락21이 있습니다. 신칸센역이 위치한 신 요코하마 지구에는 요코하마 아레나, 신요코하마 라면 박물관, 닛산 스타디움 등이 있습니다. 니카구에는 일본 전통 스타일의 정원 산케이엔이 있습니다.

국제적인 항만 도시인 요코하마는 게이힌 공업 지역을 대표하는 산업의 중심지입니다. 생명 공학, 반도체 산업 등의 강력한 경제를 기반으로 한 첨단 산업의 허브이기도 합니다. 또한 다양한 문화와 국제 교류의 중심지로 다양한 국제 행사를 개최하고 많은 관광객을 유치하였습니다. 시민들의 삶의 질 또한 여전히 높은 수준을 유지하고 있으며, 문화적인

다양성을 기반으로 한 도시 혁신으로 현재도 지속적인 발전이 이루어 나가고 있습니다.

개방적이고 관용적인 도시 풍토

오랜 도시의 역사 속에서 문화적 꽃을 피운 가나자와와 달리 요코하마는 150년이라는 짧은 역사를 지닌 항구 도시입니다. 그 역사가 짧다 보니 대다수의 시민은 외부 지역에서 요코하마로 유입된 사람들의 자손입니다. 더불어 일찍부터 개항장이 형성되면서 서양 문물을 가장 빨리 받아들였고, 종전 후에는 미군의 주둔지로 '일본 속 아메리카'로 불렸습니다. 일본은 요코하마를 통해 서양의 문물과 문화를 받아들일 수 있었던 것입니다. 이렇게 요코하마는 일본의 어떤 도시보다도 개방적이고 관용적인 도시 분위기를 지니게 되었고, 이는 도시의 산업, 문화, 교육 등 여러 분야에서 다양성과 창조성의 원천이 되었습니다.

먼저 다양한 문화와 관습을 수용하고 존중하는 관용적 풍토는 문화적 다양성과 국제 교류를 증진시켰습니다. 도시는 다양한 문화 행사, 전시회, 공연 등을 개최하여 문화 예술 분야에서 자유로운 창작 활동과 문화 교류를 이끌었습니다. 산업 분야에서는 새로운 아이디어와 혁신을 능동적으로 수용하고 촉진하여 창조적인 기업들과 창업자들의 끌어들였습니다. 상호 작용적이고 협력적인 도시 분위기는 산업 클러스터와 협업 네트워크를 이끌었습니다. 교육에서는 문화성 다양성을 긍정적으로 수용하면서 학생들의 사고를 확장하고 상호 존중의 태도를 함양시켜 나갈 수 있었습니다. 이러한 경험은 학생들을 보다 다양하고 창의적인 사고를 하는 인재들로 육성해 나가는 데 밑거름이 되었습니다.

리더십과 창조 도시 전략

미나토미라이21의 야경

요코하마는 제2차 세계 대전 이후 급속한 도시화를 경험하였습니다. 도시화의 급속한 확산과 달리 도시 인프라 개발은 지체되어 거주 환경은 심각하게 악화되었습니다. 이에 1963년 취임한 아스카타 이치오 시장은 시청 내에 기획조정국을 설치하여 도시 사업을 직접 관할하였습니다. 기획조정국은 강력한 권한을 가진 독자적인 조직으로, 시의 모든 국과 수평 관계를 유지하며 혁신적인 방식으로 도시의 골격을 세워 나갔습니다. '국제 문화 도시'를 주요 콘셉트로 정하고 도심부 강화^{미나토미라이21}, 가나자와 근처 매립, 항북 뉴타운 조성, 고속 도로·지하철·베이브리지 건설 등 요코하마의 6대 사업을 추진해 나갔습니다. 신도시 개발 사업으로 지자체 및 토지 소유자와 협력하여 코호쿠를 중심으로 도시 북동부에 20여 개의 신도시를 개발하였습니다.

그러나 1980년대 중반 이후, 도시는 거품 경제의 위기에 직면하게 되었습니다. 워터 프론트 개발을 추진하고 있던 상황에서 경기가 더욱 후퇴되면서 오랫동안 지속되어 온 미나토미라이21은 정체되었고, 도심의 오피스는 공동화되었습니다. 하지만 이러한 어려움 속에서도 요코하마는 도시의 비전을 새롭게 세워 나갔습니다. 2002년 젊은 나카타 시장은 '예술과 문화의 창조 도시'라는 목표를 세우고, 도시의 창조성을 발현시키기 위한 프로젝트를 실천하였습니다. 2004년에는 국 단위의 '문화예술도시 창조사업본부'를, 그 아래에 '요코하마 매력 만들기실'을 두었고, 문화 예술을 통해 도시를 새롭게 만들기 위한 정책들을 실천하였습니다. 2007년부터는 이들을 돕기 위한 공공 및 민간 협력의 예술위원회를 설치하였고, 도시 프로젝트를 추진할 '창조도시추진과'도 신설하였습니다. 조직 체계를 유기적이고 유연하게 조직하여 도시의 혁신을 이끌었습니다.

또한, 도시 스스로 주체가 되어 예술가와 창작자들이 거주하고 활동하며 새로운 활력을 넣을 수 있도록 다양한 문화 예술 프로젝트를 계획하였습니다. 역사적 건축물과 빈 창고 등을 창조 핵심을 중심으로 하여 아틀리에, 스튜디오, 소호 등으로 도심을 활성화시켜 나갔습니다. 영상 문화 도시를 목표로 요코하마는 영화, 영상 분야의 문화 시설을 조성하고 관련 기능들을 집적시켜 창조 클러스터로의 변화를 이끌었습니다. 도시 곳곳에 공연 무대를 열고, 시민들이 자발적으로 참여하도록 유인하였습니다. 이후로도 도시는 요코하마시 중기 4개년 계획(2014년)과 창조 도시 액션 플랜(2015년) 등의 도시 전략을 꾸준히 추진하면서 아시아를 대표하는 창조 도시의 모델로 자리매김하였습니다.

도시 재생과 창조적 거점

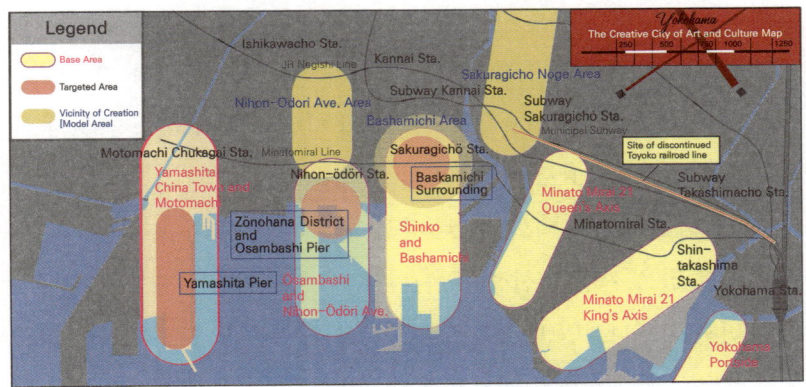

내셔널 아트파크 주요 지역

요코하마는 지속 가능성의 원천을 '창조성'에 있다고 보고, 창조 산업과 연계한 기술 개발과 산업 육성, 그리고 도시의 문화 예술 역량을 강화하였습니다. 도시를 문화 관광의 거점으로 조성하여 글로벌 도시로 부각시키고자 하였습니다. 이를 위해 도심의 낙후 지역을 재생하여 창조적 거점Creative Core으로 만들고 여기서 창업가와 예술가들이 마음껏 활동할 수 있도록 지원하였습니다. 또한 내셔널 아트 파크와 연계하여 역사성을 간직한 지역을 '창조 핵심 지역Creative Core Areas'으로 지정하였습니다. 도시 재생으로 역사적 건축물과 항만의 빈 창고 등을 문화 예술 공간으로 조성하였고, 이를 주변의 상업 시설과 연계하여 공간을 활성화시켜 나갔습니다.

2009년 개항 150주년을 기념하여 요코하마는 도심 워터 프론트[48]에 새로운 매력을 더해 세계적인 항구 도시로 발돋움하기 위한 전략을 수립했습니다. 이를 위해 항만 주변부터 야마시타후토까지의 수변 지역을 문화 관광의 거점으로 개발하고 문화 예술을 위한 해양 공원을 조성하여 해양 도시의 잠재성을 살려 냈습니다. 내셔널 아트 파크는 문화 예술의 창작 활동을 집약적으로 전개하기 위해 전략적으로 거점 지구를 선정하였습니다. 역사적 건축물과 예술가의 다양한 문화 예술 활동이 이루어지는 거점으로 요코하마항의 발상지인 조노하나와 오산바시 지구, 시영 3호, 4호 창고를 대회장으로 바꾼 야마시타후토 지구, 비샤미치 주변 지구를 창조 거점으로 선정하였습니다. 구 다이이치 은행第一銀行은 재생으로 민관 파트너십인 뱅크아트1929$^{Bank\ ART\ 1929}$가, 이후 요코하마 창조 도시 센터가 자리를 잡았습니다. 후지 은행富士銀行은 도쿄예술대학 대학원의 일부 학과를 유치하게 되었습니다.

이듬해에는 반코쿠바시万國橋 창고를 아틀리에로 개조하여 '창조 공간 반코쿠바시 SOKO$^{万國橋\ SOKO}$'와 시영 결혼식장을 연극과 댄스 연습실로 개조한 '규나자카 studio$^{急な坂\ studio}$'가 문을 열었습니다. 2007년에는 옛 도요코東橫선 사쿠라기마치櫻木町 역사가 '창조 공간 9001'이라는 갤러리로 탈바꿈되었습니다.[49] 벽돌조 건축인 아카렌카붉은 벽돌 창고는 홀과 다목적

---

48) 워터 프론트 개발 방식으로는 시드니의 달링하버, 런던의 도크랜드, 미국의 볼티모어, 피어39, 일본의 포트아일랜드 등이 있습니다.
49) 「변화하는 외국 도시들 〈하〉 리더십으로 바꾼다 – 일본 요코하마」, 『중앙일보』, 2009.08.12.

공간, 그리고 레스토랑과 음식점 등을 갖춘 문화 공간으로, 일본 최초 햄릿을 상영한 서양 극장 이와사키는 옛 복장에 수집 및 전시한 박물관으로, 해운 회사 일본 우선의 요코하마지점은 일본의 항해와 항로의 세계를 소개하는 역사박물관으로, 구 영국총영사관은 요코하마의 역사 자료를 전시하는 개항자료관으로 재탄생되었습니다.

아카렌카(붉은 벽돌) 창고

이 지역들을 중심으로 다양한 문화 예술 활동이 이루어지고 관련 산업이 집적되면서 창조 산업 클러스터가 형성되었습니다. 각각의 프로젝트는 상호 연계되어 진행되었고, 그 결과, 도시는 문화 예술 도시로서, 국제 관광 교류의 거점으로서의 목표를 이룰 수 있게 되었습니다.

이처럼 요코하마는 도시 재생을 통해 도심부를 창조 거점으로 만들어 문화 예술의 새로운 활동 무대로 조성하였습니다. 역사적 건축물과 옛 항만 시설 등을 예술가와 창작자들을 위한 제작 및 생활 공간으로 정비하고, 새로운 마을 만들기를 추진하면서 도심부의 재활성화를 이끌어 낼 수 있었습니다. 예술가의 작품 발표 및 시민들과의 문화 교류를 확대해 나가면서 도시의 문화 역량도 더욱 강화되었습니다. 일회성으로 끝나는 사업이 아니라 NPO와 경영 협력을 통해 사업의 지속 가능성을 높여 나가면서 요코하마는 도시 재생의 성공 모델이 되었습니다.

공공과 민간의 협력, 협력적 거버넌스

창조 도시 전략을 추진하면서 도시는 우선적으로 공공과 민간의 협력을 최우선 과제로 삼았습니다. 지자체, 전문가, 예술가, 시민들이 협력하는 거버넌스가 마련되어야 도시 전략이 성공할 수 있다고 믿었기 때문입니다. 이를 위해 시민들의 자발적인 참여를 유도하면서 공공과 민간이 함께하는 협력적 거버넌스를 구축하였습니다.

그 핵심은 옛 역사를 보존하면서 문화 창조의 중추적인 기능을 담당했던 민관의 파트너십인 뱅크아트1929에 있습니다. 도시 곳곳에 자리한 여러 근대 건축물을 재생하고자 거점 공간들을 마련하였습니다. 지자체는 지원만 할 뿐 민간단체가 자율적인 운영할 수 있도록 간섭하지 않았습니다. 운영비의 약 10% 정도만 지원받고 스튜디오와 출판, 카페, 서점 등을 운영해 수익을 창출하였습니다.

대표적으로 먼저 갱과 매춘 지역이었던 거리를 상업 거리로 조성하는 '코가네 초 바자르Kogane Cho Bazaar' 프로젝트가 진행되었습니다. 지자체의 공간 계획과 시민들의 아이디어가 더해진 실험이었습니다. 그 결과, 도시는 전철 교량 아래 공간을 전철 회사에서, 성매매가 이루어지는 주택들은 그 집 주인들에게 임대받을 수 있었습니다. 이후 예술 마을 만들기를 위한 NPO가 조직되었고, 교량 아래 공간은 리모델링하여 새로운 상점들로 채웠으며, 거리를 활성화시켜 나가기 위한 예술 행사도 진행되었습니다. 이와 같은 도시 프로젝트는 지자체와 예술가, 시민들의 협력적 거버넌스가 기반이 되었기에 가능한 결과였습니다.

전통 속에 꽃피운 영상 문화 도시

일찍이 개항장이 형성되어 있었던 만큼 요코하마는 일본 신문화의 시작점이 되었습니다. 그중에서 특히 사진관과 영화관이 많았고, 촬영소도 분주히 돌아갔습니다. 이러한 역사적인 배경 속에서 요코하마는 자연스레 영상 문화의 토대가 마련되었고, 이를 기반으로 도시는 일찍부터 영상 문화와 관련된 도시 전략을 추진해 나갈 수 있었습니다. 도시의 영상 문화 도시 전략은 영화와 영상 문화 시설을 조성하고, 관련된 중요한 기능이 들어설 수 있도록 촉진하기 위한 것이었습니다. 즉, 영상 분야 창작자와 인재들을 도시로 유인하여 도시에 생기를 불어넣고 동시에 관련 산업을 육성하기 위함이었습니다.

이를 위해 요코하마는 다양한 콘텐츠를 제작하는 영화와 게임 등 영상 관련 기업들이 집적할 수 있도록 세금을 줄이고, 사무실 임대료를 보조하였습니다. 설립하고자 하는 장소에 조성금을 지원하고, 각종 스타트업을 위해 시스템을 개편하였습니다. 또한, 요코하마필름위원회가 중심이 되어 영화 로케이션의 장소로 활용할 수 있도록 돕고, 수천 건이 넘는 작품 제작을 지원하였습니다. 2004년 영상 예술 분야로의 교육 연구 영역 확대를 목표로 하는 도쿄예술대학도 유치에 성공하였습니다. 도시는 캠퍼스로 창고와 역사적 건물을 제공하였고, 이러한 지원으로 도쿄예술대학의 대학원 영상연구과도 개설되었습니다.

요코하마는 영상 콘텐츠 제작 기업이 도시에 자리 잡을 수 있도록 관련 제도를 도입하여 반코쿠바시SOKO^{万國橋 SOKO}에 패션 갤러리 스쿨과 아이톤을 입주시켰습니다. 2006년 도시를 대표하는 역사적 건축물을 회의장으로 마련하여 영상 문화 도시 축제도 개최하였습니다. 이뿐만 아니라 영상 분야의 기업을 비롯해 창작자, 엔지니어 등이 도시에서 활동할 수 있도록 장소를 제공하였습니다. 여기서 더 나아가 '요코하마영화제', '요코스카학생영화제', '프랑스영화제' 등 각종 개성 있는 영화제를 개최하여 창작자와 시민들이 함께 어우러지는 영상 문화 도시를 만들어 나가고 있습니다. 또한 창작자와 기업을 연계하여 상품 개발을 이끄는 프로젝트를 진행하고 있으며, 각종 엔터테인먼트 기능도 함께 집적할 수 있도록 조성해 도시에 활력을 높여 나가고 있습니다.

창조 산업 클러스터

요코하마는 도시 문제 해결과 지속 가능성을 높여 나가기 위해 도시의 미래 산업 분야를 선정하여 육성하였습니다. 도시는 지역 활성화의 핵심을 인재와 대학에 두고, 대학-도시 파트너십 협의회를 설립하여 지역 사회에 함께 도시 문제를 해결해 나갔습니다. 특히, 산업 분야에서 대학과 기업, 연구소를 중심으로 협력 시스템을 구축하여 창조 산업 부문의 클러스터 이끌었습니다.

2000년대 요코하마는 창조 핵심 지역을 중심으로 약 2천 명 예술가를 유인하였고, 첨단 산업과 문화 산업을 유치하여 창조 클러스터로의 성장을 이끌어 내었습니다. 다양한 분야의 창조 계층이 유인되면서 도시 내 약 1만 5천 명의 고용 효과가 발생하였습니다. 이로 인해 도시는 2000년대 국내 총생산을 꾸준히 상승시켰습니다. 2009년 약 3.7% 떨어지기는 했지만, 2010년 성장률은 3.0%로 회복하였고 1인당 국내 총생산GDP도 약 3만 달러에 도달할 수 있었습니다.

이러한 노력 끝에 2014년, 요코하마는 일본 국가 전략의 주요 구역 중 하나로 선정되었습니다. 이를 통해 생명 공학, 생명 과학 및 IT 산업 등의 분야에서 고급 연구 및 개발을 진행할 수 있게 되었습니다. 특히, 생명 혁신 분야에서 혁신적인 의료 및 제약 연구가 이루어지면서 도시의 새로운 성장 기반이 마련되었습니다. 코로나19 전후를 기해 기업의 투자 유치가 크게 높아졌으며, 바이오 분야에서도 글로벌 리더십을 선도하는 지역으로 자리 잡게 되었습니다. 이러한 성장은 기업 유치를 위한 요코하마시의 제도적 지원이 뒷받침이 있었기 때문에 가능했습니다. 입주 기업에 대한 세금 감면 혜택은 물론 이전 기업 및 투자 기업에 대해 일부 비용을 조례로 제정하여 지원해 주었습니다. 강력한 지원 못지않게 기업도 10년 이상 도시에 머물러야 하는 책임도 주어졌습니다.

최근 요코하마는 요코하마항 인근에 있는 옛 조선소 부지를 매립해 만든 미나토 미라이지구 내 글로벌 기업의 연구 개발$^{R\&D}$시설과 연계해 동반 상승효과를 기대하고 있습니다. 후지제록스, 시세이도, 히타치제작소, 닛산자동차, 교세라, 오포, 소니, 무라타제작소 등 20여 개 글로벌 기업의 본사 또는 연구 개발 거점이 들어섰거나 들어설 예정이기 때문입니다. 일본의 장점인 소재와 부품, 장비 산업 경쟁력을 토대로 새로운 도약을 노리는 셈입니다.[50] 더불어 대만의 지정학적 리스크가 일본 반도체 산업의 새로운 호재로 작용하면서 지토세, 기쿠요마치 등을 비롯한 글로벌 반도체 기업의 새로운 투자처가 되었습니다. 이처럼 창조 산업 육성을 위한 요코하마의 지속적인 노력은 글로벌 기업의 적극적인 투자와 글로벌 인재를 도시로 유인하며 일본의 잃어버린 30년을 딛고 재도약하는 기회가 되었습니다.

친환경 항구 도시로, 환경 미래 도시로

맑은 공기, 물, 녹지 공간을 자랑스러워하는 요코하마는 세계 최고의 친환경 생태 도시로의 변화를 위해 노력해 왔습니다. 지속 가능한 생태계 시스템을 구축하기 위해 도시는 산림, 녹지, 하천 등의 자연환경을 보호하고, 자연과 조화를 이룬 도시 발전을 추진하기 위해 생태 계획을

---

50) 「[한중일 '혁신경쟁' 현장 가다] ③日 요코하마 '창조도시센터'」, 『뉴시스』, 2019.12.09.

수립해 추진하고 있습니다. 에너지 분야에서는 태양광 발전과 지열 에너지 시스템 등의 재생 에너지 시스템을 도입하였고, 공공 기관과 건축물의 전기 사용량을 줄이기 위해 스마트 기술을 적용하여 지속 가능한 발전을 추진하였습니다. 또한 자전거 공유 시스템을 도입해 도시 전역에서 언제든 손쉽게 이용할 수 있도록 제공하면서 시민들이 건강한 삶을 유지하고 도시 생태계를 보전해 나가고 있습니다. 대중교통 노선을 촘촘히 하고, 보행자 전용 구역도 지정해 각각 기능별로 도보 접근성도 높였습니다.

특히, 일본에서도 가장 큰 개발 프로젝트 중의 하나인 요코하마의 코호쿠 뉴타운 사업은 자연을 보존해 쾌적한 정주 여건을 마련한 사례로 손꼽히고 있습니다. 친환경적인 에너지를 사용하고, 안전한 보행 환경을 위한 자전거 도로가 설치되어 교통 혼잡을 해소하면서 대기 오염을 줄였기 때문입니다. 무엇보다 에코 테크를 활용한 친환경 건축물을 설계하고, 자연과 조화를 이룬 생태 지구를 조성하여 지속 가능한 도시 개발을 이루어 가고 있습니다. 또한, 일본 최대의 MICE 시설 중 하나인 PACIFICO 요코하마에서는 시설에서 발생하는 산업 폐기물의 약 90% 이상을 재활용하고 있습니다. 폐기물을 소각하면서 생산된 전기와 음식물 쓰레기 등에서 생성된 바이오매스를 활용하여 전력을 생산하고, 이를 인근 공원에 공급하면서 자원 순환의 하나의 모델이 되었습니다.

요코하마는 시민들과 방문객들이 즐거움을 만끽하면서 안심하고 찾는 안전한 항구를 목표로 하고 있습니다. 이를 위해 대기오염 농도 기준을 조례로 제정하고 도시 곳곳에서 이를 측정하며 강력히 규제하고 있습니다. 수질 정화 활동을 통해 다양한 수중 생물들이 서식처를 살리며 생태 학습의 무대로 활용하고도 있습니다. 친환경의 수소 연료 전지 시스템을 구축하여 전력 부족 문제도 해결하였습니다. 또한, 국제항만협회의 세계 항만 기후 이니셔티브가 인증한 ESI(환경 선박 지수)제도를 시행하고 있는 항구 도시입니다. 입항하는 선박 중 친환경 외항 선박은 입항료를 감면하고 있으며, 이와 비슷한 사업들을 추가로 확대해 나가면서 동아시아 최고의 친환경 항만을 구축해, 친환경 항구 도시로서 세계적 모델이 되었습니다.

  기후 위기의 시대에서 요코하마는 도시의 지속 가능성을 위해 친환경 생태 도시를 목표로 선정하였습니다. 사실 도시는 1964년 일본에서 최초로 기업과 공해 방지에 관한 협약을 체결했을 정도로 일찍부터 환경 문제 해결에 선도적인 위치에 있었습니다. 도시는 2010년 마린시티 구역을 중심으로 지속 가능한 도시 발전을 추진하고 이를 통해 지속 가능한 도시 발전의 모범 사례로 평가받으면서 환경 미래 도시로 선정되었고, 2018년에는 SDGs 미래 도시로도 선정되면서 요코하마형 SDGs 도시 모델을 만들어 나갔습니다. 무엇보다 2019년 도시는 2050년까지 탄소 제로 도시로 만들겠다고 선언하면서 기후 위기 극복과 생태계 보전의 선도적 위치를 굳건히 다졌습니다. 환경을 중심으로 경제와 문화 예술, 교육 분야에서 새로운 도시 가치와 비전을 세워 나가게 된 것입니다. 이러한 노력으로 도시는 안전한 도시, 삶의 질이 높은 도시로 선정될 수 있었습니다.

스마트 도시, 전략 산업이 되다

일찍이 요코하마는 4차 산업 혁명 시대를 맞아 지속 가능성 전략으로 스마트 도시 건설을 목표하였습니다. 2010년부터 시작해 도시 내 에너지 관리를 위해 스마트 그리드를 적용하고, 차세대 교통 시스템을 구축하였습니다. 요코하마는 '이 거리가 미래를 만들어 나간다'는 콘셉트로 도시의 기업, 대학, 시민 등이 협력하여 혁신적 아이디어를 내고 이를 개발하여 새로운 서비스를 창출할 수 있도록 혁신의 무대를 제공하였습니다. 2010년대 중반까지 스마트 도시를 완공을 목표로 여러 기업과 함께 관련 기술 개발을 진행하면서 도시는 일본 경제 사업성의 '차세대 에너지, 사회 시스템 실증 사업'에도 선정되었습니다. 이를 통해 엑센추어, 도시바, 닛산 등 세계적인 기업들이 함께 스마트 도시 구현에 필요한 관련 기술을 개발하여 해외 시장도 적극적으로 공략하였습니다.

도시는 스마트 구축을 위해 '디자인', '지속 가능성', '스마트'의 세 가지 방향을 제시하였습니다. 디자인은 거리 경관을 구성하는 요소로 배치에서부터 색, 형태, 소재, 연출, 나무 식재 및 옥상 계획까지 일련의 계획입니다. 여기서 지속 가능성은 미래 세대와 지구 환경을 고려하여 마을 조성 및 운영에 관련된 규정입니다. 이는 공익성뿐만 아니라 온실가스 감축 및 생물 다양성, 건강·환경 배려 재료 등을 포함하였습니다. 스마트는 편리하고 안전한 도시 생활을 위한 요소로 자동화, 쾌적성 등을 담고 있습니다. 또한 에너지, 보안, 모빌리티, 건강, 커뮤니티, 시설물의 여섯 가지 스마트 서비스 제공하여 인간 중심의 지속 가능한 스마트 도시를 조성해 가고자 합니다. 지속 가능한 스마트 도시 구현을 위해서는 민간 기업과의 협력이 중요하다는 것을 인식하고 도시에 필요한 모빌리티, 방재·방범, 복합형 상업 시설, 스마트 기술 개발 시설, 에너지 센터 및 수소 충전소 등과 관련된 운영 기업을 유치하였습니다.

특히, 도시는 2011년 동일본 대지진과 원전 사고 이후 봉착한 전력난을 경험하면서 에너지 관리를 더욱 스마트하게 바꾸어 가게 되었습니다. 2010-2014년까지 스마트 그리드 기술을 접목하여 4천 가구에 주택 에너지 관리 시스템 Home Energy Management System 과 대규모 상업 시설 및 빌딩 등에 건물 에너지 관리 시스템 Building Energy Management System 등의 서비스를 시작하였고, 약 3천 대의 전기 자동차도 도입하였습니다. 또한 에너지 수급을 자동적으로 조정할 수 있는 '스마트 미터'를 설치하여 에너지 사용량은 약 20%, 이산화탄소 배출량은 약 30%를 줄일 수 있었습니다. 더 나아가 전력 수급을 조정하기 위해 빌딩과 주택 등의 시설과 전기 자동차를 하나의 원격 통합 제어할 수 있는 버추얼 파워 플랜트, 즉 가상 발전소를 구축해 가고 있습니다.

도시는 고층 빌딩에 태양광 패널을 설치하여 건물로 쏟아지는 직사광선을 막고 태양 에너지를 전기로 바꾸는 건물 일체형 태양광 발전 BIPV 을 설치하기 시작하였습니다. 일본에서 가장 큰 규모의 태양광 발전 패널이 설치된 다이아 빌딩은 건물에서 사용할 에너지를 자체 생산하고 탄소 배출량을 줄여 스마트 건축의 핵심 기술로 주목받고 있습니다. 또한, 신기술을 보유한 혁신 기업은 도심 한복판에 대형 식물 공장도 설치하였습니다. 지름 27m, 높이 5m에 달하는 돔형 식물 공장에서는 자동 조절 시스템 기술을 적용하여 직접 채소도 재배합니다. 더불어 도시는 꽃가루·미세 먼지 등 계측 센서, 성별·연령 등을 분석하는 시스템, 사물 인터넷 IoT 센싱, 순수소형 연료 전지, 천창 조명 등의 신기술의 실험과 VR 기술을 활용한 3차원 영상의 마을 운영 플랫폼 등 다양한 실험적인 프로젝트를 진행하고 있습니다. 이를 통해 스마트 그리드의 기반이 될 첨단 기술을 확립하고 쾌적하고 안전한 도시를 건설하여 스마트 도시의 모델로 해외 시장을 선도해 나가게 될 것으로 보입니다.

축제와 문화 관광 도시로

요코하마는 도시의 문화적 가치를 되살려 관광 산업을 육성하고 있으며, 국제회의, 박람회 등의 다양한 국제 행사를 개최하면서 세계 여러 도시와의 네트워크를 형성해 나가고 있습니다. 이를 위해 도시는 내셔널 아트 파크National ART Park를 조성하여 문화 관광의 거점을 마련하였고, 전시장과 회의장, 호텔 등을 갖춘 컨벤션 센터인 퍼시피코 요코하마를 조성하여 대규모 국제회의를 개최하였습니다. 이러한 기반을 바탕으로 도시는 다양한 축제를 개최하면서 내국인뿐만 아니라 수많은 외국인 관광객들을 도시로 유인하였습니다. 세계 최대 규모의 사진·영상 축제 CP+ 2016Camera & Photo Imaging Show, 요코하마 트리엔날레, 요코하마 빛 축제 SMART ILLUMINATION 등을 개최하였고, 더불어 코로나19로 잠시 쉬었던 요코하마 개항 기념 항구 축제, 요코하마 재즈 프롬나드, 요코하마 하나비, 요코하마 옥토버페스트 등도 다시 개최하였습니다. 도시는 축제 속에서 아름다운 도시 환경과 문화를 알리는 수준 높은 문화 예술 공연을 수시로 개최해 나가면서 국제적인 관광 도시로 성장할 수 있었습니다. 즉 요코하마는 단순히 관광지가 아니라 그 안에 도시가 추구하는 문화 예술과 비즈니스에 대한 도시 전략이 함께 내재되어 있는 것입니다.

요코하마 빛 축제^{SMART ILLUMINATION}

지정학적인 도시의 형성 과정부터 국제성을 띨 수밖에 없었던 요코하마는 특히, 제2차 세계 대전 이후로 도시 네트워크를 강화하였습니다. 1957년 미국 샌디에이고를 시작으로 이후 독일 함부르크, 인도 뭄바이, 캐나다 벤쿠버 등과 자매결연을 체결하여 도시 간 문화 예술 교류와 경제 및 기술 교류를 확대해 나갔습니다. 도시가 성장을 거듭하면서 도시 문제도 다양해짐에 따라 도시 간 협력의 필요성을 인식하면서 이를 위한 국제회의 무대도 마련하였습니다. 특히, 1982년 국제연합 아시아·태평양 경제사회위원회^{UNESCAP}, 국제연합 인간거주위원회^{UN-HABITAT}와 공동으로 개최한 제1회 아시아·태평양 도시회의는 도시 환경에 대한 개선과 도시 간 협력 및 NGO 간의 협력을 이끈 대표적 사례입니다. 이를 통해 아시아·태평양 도시들이 함께 모여 도시 문제를 논의하고 해결하기 위한 네트워크인 시티넷^{CITYNET}이 만들어졌습니다. 초대 회장 도시로 선정된 요코하마는 도시 계획부터 환경, 상하수도, 안전 등 도시의 여러 분야의 성장을 선도하며 도시 네트워크를 성공적으로 이끌었습니다. 또한, 도시는 미나토미라이21 지구에 요코하마 국제 협력 센터를 비롯해 국제 연합 식량농업기구^{FAO}, 국제 연합 세계식량계획^{WFP} 일본사무소, 국제열대목재기구^{ITTO} 본부 등을 유치하였습니다.

2000년대 이후 창조 도시를 새로운 도시 전략으로 세웠던 요코하마는 선도적으로 정책을 추진하면서 일본과 아시아를 넘어선 창조 도시 회의를 이끌었습니다. 새로운 도시 전략의 성공적인 정착으로 도시의 지속 가능성을 높여 나가면서 유럽 및 아시아의 선진 도시들과 네트워크를 더욱 강화해 나갈 수 있었고, 이는 도시의 또 다른 경쟁력이 되었습니다.

결론: 요코하마의 지속 가능성 평가

　요코하마가 도시의 지속 가능성을 높여 나갈 수 있던 배경은 짧은 역사 속에서도 항구 도시로서의 다양한 문화를 수용하는 관용적인 태도를 바탕으로 도시의 경제적 위기를 오히려 변화의 기회로 삼아 새로운 전략을 실천하였기 때문입니다. 이를 위해 요코하마는 공공과 민간의 협력을 바탕으로 도심의 낙후 지역을 재생해 나갔습니다. 문화 예술을 중심으로 도시 프로젝트를 추진하여 다양한 창조 공간들을 조성하였고, 다채로운 문화 행사를 이끌며 문화 도시로 성장할 수 있었습니다. 또한, 첨단 산업을 유치하기 위한 정책적, 경제적 지원을 기반을 마련하여 첨간 산업 클러스터도 구축할 수 있었습니다. 이러한 변화를 바탕으로 요코하마는 아시아를 대표하는 지속 가능한 도시의 선도 모델로 자리매김할 수 있었습니다. 지속 가능한 도시로서 요코하마가 선도적 위치에 설 수 있었던 배경과 전략, 실천 등을 정리해 보면 다음과 같습니다.

　첫째, 요코하마는 경제적 위기 상황에서 리더들의 강력한 정책 추진과 공공과 민간의 협력적 거버넌스를 통해 도시의 창조적 변화를 이끌어 낼 수 있었습니다. 짧은 도시의 역사 속에서도 요코하마는 일찍부터 개항장이 조성되었고, 여러 국가와 활발한 교류가 진행되면서 일본 내에서 가장 개방적이고 관용적인 도시 분위기가 형성되어 있었습니다. 이러한 문화적·역사적 배경은 도시 경제가 위기 상황에 빠졌을 때에도 혁신적인 아이디어의 창출과 도시민의 협력을 이끌어 낼 수 있는 원동력이 되었습니다. 또한 '창조 도시 요코하마'를 비전으로 세우고, 강력히 정책을 추진해 나간 나카타 시장의 리더십도 매우 중요한 역할을 하였습니다. 그는 공공과 민간, 그리고 기관으로 구성된 예술위원회를 중심에 두고, 이에 따라 '문화예술도시 창조사업본부' 설치, '창조도시추진과' 신설 등 행정 기관들의 조직도 함께 개편해 나가면서 정책을 이끌었습니다. 조직 체계를 유기적이고 유연하게 조직했기에 도시에 혁신을 가져올 수 있었습니다. 도시가 주체가 되어 예술가와 창작자들이 거주하고 활동하며 무대를 만들고, 계획 수립부터 시민들이 주도적으로 참여하도록 계획하면서 민관의 협력적 기반도 함께 마련될 수 있었습니다.

둘째, 요코하마는 낙후 지역에 창조적 거점을 조성하는 프로젝트를 통해 문화 예술 도시로의 변화를 이끌어 낼 수 있었습니다. 도시 성장의 원동력을 창조성에 있다고 믿고, 도시가 지닌 창조성의 근원은 문화 예술에서 찾은 것입니다.

도시는 '문화 예술 창조 도시'를 실현하기 위해 중점적으로 추진하는 세 가지 전략 프로젝트, '문화 예술 도시'를 위한 창조적 거점$^{Creative\ Core}$ 조성, '영상 문화 도시'를 위한 창조 산업의 클러스터 형성, 세계에 요코하마의 얼굴을 알리기 위한 내셔널 아트 파크$^{National\ ART\ Park}$를 추진하였습니다. 특히 도시는 내셔널 아트 파크를 조성하여 문화 예술의 창작 활동을 지원하였습니다. 이를 위해 6개의 거점 지구와 3개의 창조 거점을 조성하였고, 도심의 역사적 건축물과 연안의 공장 및 창고를 창조적 거점$^{Creative\ Core}$으로 삼아 다양한 문화 예술 공간을 조성하였습니다. 구 다이이치 은행^{第一銀行}, 후지 은행^{富士銀行}, 반코쿠바시^{万國橋}, 구 시영 결혼식장, 구 도요코^{東橫}선 사쿠라기마치^{櫻木町} 역사 등이 'Bank ART 1929' 프로젝트로 박물관·미술관·예술대학·갤러리로 탈바꿈되었습니다. 이들 공간을 중심으로 도시는 다채로운 문화 예술 무대를 조성하여 예술가와 시민들의 적극적인 참여도 이끌어 내었습니다. 더불어 영상 분야의 기업을 비롯해 창작자, 엔지니어 등이 활동할 수 있는 무대를 제공하였습니다. 여기에 각종 개성 넘치는 영화제를 성공적으로 이끌며 창작자와 시민들이 함께 어우러지는 영상 문화 도시로 성장해 나갈 수 있었습니다.

셋째, 요코하마는 기업과 연구소, 대학과의 협력 시스템을 기반으로 창조 산업 클러스터를 조성하여 산업 경쟁력을 높여 나갈 수 있었습니다. 도시는 창조 핵심 지역을 중심으로 문화 및 첨단 기업을 유치하고, 기술 지원 및 협력을 토대로 창조 산업 클러스터 기반을 마련하였습니다. 이를 기반으로 창조 산업 분야에 인재들이 도시로 유입되었고, 국내 총생산도 지속적으로 증가하였습니다. 2010년대 중반에는 일본의 국가 전략 주요 구역으로 선정되면서 바이오 분야에서도 글로벌 리더로 자리매김할 수 있었습니다. 또한, 후지제록스, 시세이도, 히타치제작소, 닛산 자동차 등 20여 개 글로벌 기업의 본사 또는 연구 개발 거점이 되면서 새로운 도약의 기회도 마련하게 되었습니다. 이처럼 요코하마는 도시를 이끌어 갈 미래 산업 분야에 대한 지속적인 투자를 통해 도시 경쟁력을 강화해 나갈 수 있었습니다.

넷째, 요코하마는 복잡한 도시 문제를 해결하고 도시민의 삶의 질을 높여 나가기 위한 전략으로 스마트 기술을 적용하면서 도시의 지속 가능성을 높여 나갈 수 있었습니다. 2010년부터 시작해 도시 내 에너지 관리를 위한 스마트 그리드를 적용하고, 차세대 교통 시스템을 구축해 나가면서 이제는 세계적인 스마트 도시로 발돋움할 수 있었습니다. 스마트 도시 구축을 위해 스마트 기술뿐만 아니라 디자인과 지속 가능성을 함께 염두에 두고 이를 연계시켜 개발하는 방안을 제시하였습니다. 스마트 그리드 기술을 접목하여 꽃가루·미세 먼지 등을 계측하고, 사물 인터넷IoT 센싱, 순수소형 연료 전지, 천창 조명 등의 신기술을 실험하며, 에너지 수급을 조정하면서 탄소 배출량을 줄여 나가고 있습니다. 이처럼 요코하마는 에너지·보안·모빌리티·건강·커뮤니티·시설물 등 여러 분야에서 스마트 서비스 제공하여 쾌적하고 안전한 도시를 만들어 가면서 세계적인 스마트 도시가 될 수 있었습니다.

요코하마는 이러한 노력에도 불구하고 여러 가지 과제를 안고 있습니다. 프로젝트의 진행이 지나치게 도심만을 대상으로 한다는 점과 문화 예술을 마을 만들기의 도구로 사용한다는 점 등입니다. 또한 도시가 추진하고 있는 사업 및 정책들에 대한 시민들의 이해도가 떨어진다는 과제도 안고 있습니다. 그럼에도 불구하고 요코하마는 기존의 지역의 산업을 유지하면서도 새로운 창조 산업의 클러스터를 만들기 위해 노력하였고, 역사적 건축물을 문화 예술의 창조적 거점으로 새롭게 변화시키며 도시의 혁신을 이끌어 내었다는 점은 분명합니다. 도시가 사업을 주도적으로 진행하였지만, 여타의 도시들보다 주민들이 자발적이고 주도적으로 참여했다는 점도 우수한 평가를 받습니다.

6부

싱가포르

도시 개관

싱가포르의 위치

    말레이반도의 끝에 자리한 도시 국가인 싱가포르는 북쪽의 조호르 해협과 남쪽의 싱가포르 해협을 두고 각각 말레이시아, 인도네시아와 분리되어 있습니다. 주요 섬인 주롱섬, 풀라우 트콩, 풀라우 우빈, 센토사를 포함해 63개의 도서로 이루어져 있으며, 5개 지역구에 총 66개의 도시 구역으로 구성되어 있습니다. 총 면적 719.1km²서울시의 약 1.2배, 인구 규모 597만 명2022년 기준의 도시이자 국가입니다. 1960년대 약 581km²였던 국토 면적은 간척 사업을 통해 2020년 약 720km²으로 확장되었고, 2030년까지 100km²를 더 확장하는 것을 목표로 하고 있습니다. 도시 발달 이전에 저지대에서는 열대 상록수 숲이, 갯벌 후미의 연안의 만과 둑을 따라서는 맹그로브 숲이 전형을 이루었습니다. 여러 차례의 홍수로 내부 저지대는 소택지 숲으로 덮여 있었습니다. 인도네시아 고대 왕국의 영토였던 싱가포르는 어촌이란 의미의 '테마섹^{Temasek}'으로 불렸습니다. 도시명은 13세기 스마트라의 왕자가 '사자의 도시'를 의미하는 '싱가푸라^{Singapura}'로 명명한 데에서 연유하였습니다.

1819년 영국 총독 스탬포드 래플즈$^{Stamford\ Raffles}$가 섬에 도착하면서 싱가포르는 역사적 전환점을 맞게 되었습니다. 도시는 영국의 보호를 위한 대가로 교역소 설립을 허가하게 되었고, 점차 영국의 식민지화가 진행되었습니다. 영국은 민족 공동체를 분리하는 계획을 포함하여 세심한 도시 계획을 수립하였습니다.

싱가포르는 영국의 아시아 무역을 위한 핵심 지역으로 부상하면서 성장하였습니다. 도시 발달 초기에는 유럽과 아시아의 민간 기업에 무료로 항만을 제공하였습니다. 고무와 주석의 교역항으로 발전하였고, 이후 자유 무역이 확대되면서 국제 무역항으로 성장하였습니다. 2차 대전 발발 이후 도시는 영국군의 주요 교두보 역할을 하면서 '동방의 지브롤터^{Gibraltar}'로 불렸습니다. 그러나 영국군이 일본과의 전쟁에서 패배하면서 1942년부터 3년간 일본의 식민지가 되었습니다. 당시 일본은 중국 국민당을 지원한다는 이유로 약 10만 명에 달하는 중국계 주민들을 학살하였습니다. 2차 대전 끝난 후 1946년부터는 다시 영국의 식민지가 되었고, 1959년, 드디어 자치 정부를 구성하게 되었습니다. 이 시점부터 총리 리콴유를 중심으로 독립적인 도시 국가로 발전시켜 나가기 위한 방안을 적극적으로 모색하기 시작하였습니다. 1960년, 유엔 개발 계획^{UNDP}은 산업화를 조언하였고, 이에 1961년 싱가포르 정부는 산업화를 선언하며 제조업 분야를 집중 육성하였습니다. 1963년 말레이시아 연방의 일원으로 영국으로부터 독립하였지만 1965년 말레이시아 연방 정부와도 갈등을 겪었습니다. 결국 연방에서 탈퇴하여 독립 국가를 수립하게 되었지만, 그 배후지를 잃게 되었습니다. 하지만 여전히 영국 군대가 주둔하고 있었기 때문에 도시의 안전을 유지하면서 안정적인 수입원을 제공받을 수 있었습니다.

이후 정치적 안정 속에서 싱가포르는 경제 성장을 최우선에 두고 강력한 경제 개발 정책을 추진하였습니다. 지속적인 제조업 분야를 육성한 결과 1970년대 후반 제조업 부문에서 약 27%의 고용이 효과가 나타났습니다. 1980년대부터는 서비스와 무역, 고도 기술 제조업 분야에 주력하면서 다른 아시아 국가들과 차별화를 통해 1990년대 아시아 금융위기를 극복할 수 있었습니다.

싱가포르는 짧은 시간 내에 경제적으로 급격한 변화를 겪으면서, 지식 기반의 역동적인 경제로 더 많은 발전을 이루기 위해 노력해 왔습니다. 1980년대에는 제조 및 서비스 산업을 중심의 다국적 기업들이 진출하면서 아시아의 경제 중심지로 발전하였고, 1990년대 들어서는 세계적인 첨단 기업과 세계 주요 대학의 아시아 분원과 의료 기관 등이 자리 잡으면서 국제적인 도시로 성장하였습니다. 이후 2000년대에는 예술과 문화, 엔터테인먼트를 선도하는 글로벌 중심지가 되었습니다.

인구 규모는 독립 당시 약 160만 명에서, 매해 증가하여 2010년에는 약 520만 명, 2020년에는 약 590만 명에 달했습니다. 인구 밀도는 8,358명/km$^{2\ 2020년\ 기준}$으로 매우 높습니다. 도시는 인종과 종교, 그리고 문화 등 사회 전반에 걸쳐 다양성을 보여 주고 있습니다. 중국인(77%), 말레이시아인(14%)과 인도인(8%) 등의 인종 분포와 불교(33%), 이슬람교(18%), 기독교(15%), 도교(11%), 힌두교(5%) 등의 종교 분포는 세계 그 어떤 도시보다도 조화롭고 풍요롭습니다.

각 민족의 특성을 보여 주는 페라나칸 하우스

싱가포르는 이러한 다양성을 기반으로 복합적이고 융합적인 문화를 발전시켰습니다. 중국인들이 이주해 만들어진 페라나칸^{Peranakan}과 식민지배 속에서 만들어진 영국 문화가 그 다양성의 기반이 되었습니다. 각각의 인종과 민족들이 분리되어 만들어진 거주 공간도 도시 전체로 보면 다양성의 한 장면입니다.

싱가포르의 경제 구조$^{2018년\ 기준}$는 서비스업이 약 75%, 제조업이 약 25%로 서비스업과 제조업이 중심입니다. 정치적 안정과 기업 친화적 정책으로 도시는 금융과 기업 서비스의 아시아 허브를 담당하고 있습니다. 석유 화학과 첨단 산업을 중심으로 제조업을 발전시켜 왔으며, 산업 경쟁력을 확보하기 위해 싱가포르-말레이시아-인도네시아 성장 삼각형$^{SMI-GT}$ 모델을 만들었습니다. 또한 매력적인 호텔과 비즈니스 시설, 다양한 레저 및 엔터테인먼트 시설 등을 기반으로 도시를 마이스^{MICE} 산업의 목적지로 만들었습니다. 그 결과 국제회의연합$^{Union\ of\ International\ Associations,\ UIA}$

및 국제회의컨벤션협회International Congress and Convention Association, ICCA에서 발표한 아시아 최고 국제회의 도시로도 선정되었습니다.

마리아 베이 Marina Bay**의 전경**

 싱가포르 관광 산업과 마이스MICE 산업에서 빼놓을 수 없는 곳 중 하나가 마리나 베이Marina Bay입니다. 싱가포르 남부의 중앙에 있는 만, 다운타운의 동쪽에 자리 잡고 있는 마리나 베이는 복합 관광 비즈니스 지구입니다. 1970년대부터 도시의 장기적인 확장을 위한 공간을 제공하기 위해 마련된 마리나 베이는 도심 지역의 확장과 아시아의 주요 비즈니스 및 금융 허브로서 지속적인 성장을 지원하기 위해 설계되었습니다. 만 일대를 매립하여 오늘날의 마리나 센터Marina Centre와 마리나 사우스 지역Marina South areas을 조성하였습니다. 마리나 베이를 육성하기 위한 'URA 마스터 플랜'은 상업, 주거, 호텔, 엔터테인먼트를 포함하여 마이스MICE 산업의 중심지로, 친환경적인 공간으로 육성하는 것을 목표로 하였습니다. 이를 위해 마리나 베이 주변의 3.5km의 해안 산책로를 조성하였고, 마리나 센터에 연계하여 친환경적인 도시 공간을 마련하였습니다.

가든스 바이 더 베이 Gardens by the Bay

정치적 안정과 튼튼한 경제 기반

피터 홀[1998]은 싱가포르의 이와 같은 정치 상황에 대해 사실상 사회주의적 민주주의 체제의 변형으로 국가가 국민 화합을 보장하고 높은 수준의 물리적·사회적 인프라를 제공하며 주요 에이전트들인 민간 부문이 상품 또는 서비스를 공급하도록 허용하고 있다고 보았습니다. 곽 기안 운[2007]은 국제 무역에 전적으로 의존할 수밖에 없는 국가이다 보니 정부가 주도적으로 나섰고, 경제의 중심을 기초 제조업에서 고도 기술 산업과 고부가 가치 서비스 산업으로 이동시켰기 때문에 경제 위기를 한 번도 겪지 않았다고 설명하였습니다.

싱가포르는 오랜 정치적 안정을 기반으로 강력하고 혁신적인 도시 정책 추진하여 도시의 지속 가능성을 높여 나갔습니다. 도시는 2003년과 2008년 경제 위기를 겪으며 '경제, 그리고 문화 및 사회'의 두 가지 핵심 갈래를 두고 도시 정책을 전환하였습니다. 지식 기반 경제의 세계화에 따라 참여의 중요성을 인식하게 되었고, 2004년부터 창조 산업의 국내 총생산 비중을 3%에서 6%로 증가시키는 것을 목표로 세워 자금을 마련하였습니다. 이를 위해 기업에 대한 보조금과 창업, 세금 지원 등이 이루어졌으며, 이는 지금까지 지속되고 있습니다.

도시는 글로벌 기업의 투자를 활성화시키기 위해 국가 전역을 자유 무역 지역으로 지정하였습니다. 이를 통해 입주 기업에게 외국 물품 및 특정 내국 물품에 대한 관세를 유보해 주고 업종·규모에 따라 세금 감면 혜택을 주었습니다. 법인세는 17%로 매우 낮은 수준을 유지하였고, 투자 이익이나 배당금에 대한 세금은 부과하지 않았습니다. 또한, 80개국 이상의 국가와 이중 과세 방지 협약을 체결하여 기업들의 과세를 막아 주었습니다. 강력한 법률 체계로 불필요한 절차를 없애 효율적이고 공정한 기업 운영을 할 수 있도록 돕고 있는 것입니다. 또한 싱가포르는 다양한 분야의 스타트업을 육성하기 위한 정책적인 지원과 ICT 기반의 사회 기반 시설 확충 등 창업 생태계도 구축하였습니다. 특히, 지적 재산권에 대한 강력한 보호 정책과 법적 시스템을 구축하여 기업들의 혁신과 성장을 이끌어 낼 수 있었습니다.

그 결과, 2000년대에도 꾸준한 경제 성장을 이뤘던 싱가포르는 2010년 경제 성장률 약 15%를 보이며 아시아에서 가장 높은 수준에 올랐습니다. 세계 은행$^{World Bank2010}$에 의하면 1990년대 초반 약 1만 2천 달러였던 싱가포르의 1인당 국내 총생산^{GDP}은 2000년대 초반 약 2만 3천 달러, 2010년대 초반 약 4만 6천 달러를 돌파하였습니다. 이후로도 지속되어 2012년 1인당 국내 총생산은 약 5만 5천 달러, 2017년 약 6만 1천 달러를 넘어섰고, 2021년 약 7만 3천 달러에 도달하였습니다.

> ### TIP 안전을 위한 싱가포르의 노력
>
> 싱가포르의 경제 성장은 도시를 더욱 안전하게 만들어 나가는 힘이 되었습니다. 전통적으로 엄격한 법 집행으로 강도와 절도 범죄율이 낮은 도시가 바로 싱가포르입니다. 도시는 이코노미스트의 인텔리전스유닛 Economist Intelligence Unit report, EIU51)에서 발표한 2015 안전 지수 조사 Safe Cities Index 201552)의 개인 안전 부문에서는 1위, 전체 순위에서는 2위에 올랐습니다. 2013년 BBC에서 발표한 살인율은 세계에서 두 번째로 낮습니다. 더 나아가 사이버 범죄와 디지털 보안까지 강화해 나가며 도시 안전의 모든 부문을 준비하고 예방해 나가고 있습니다.
>
> 먼저 범죄 예방을 위해 CCTV 감시 시스템을 적극적으로 도입하여 실시간으로 모니터링하며, 범죄 발생 시 신속하게 대응하고 있습니다. 가뭄이나 홍수 등의 자연재해에 대비하기 위해 수계 관리 시스템을 구축하고, 사전에 예측하며 해결하고 있습니다. 보건 안전 분야에서는 당뇨병 예방을 위한 포장 음료에 설탕세 부과를 준비 중입니다. 또한, 트랜스 지방의 주요 원재료인 정제 가공 유지 PHOs를 함유한 모든 식품의 판매를 금지하였습니다.

---

51) 「디지털, 인프라, 의료와 개인 안전까지... 세계에서 가장 안전한 도시 10곳은?」, 『아시아투데이』, 2015.01.29.

52) 모나코와 팔라우를 제외한 순위입니다.

르네상스 도시 계획과
미디어21 계획

　1990년대 후반의 아시아 경제 위기는 싱가포르의 산업을 변화시키는 계기가 되었습니다. 그동안의 성장 동력이었던 제조업을 유지하면서도 서비스 산업을 새로운 경제 기반으로 만들어 나갔습니다. 먼저 싱가포르 경제개발위원회에서는 영화와 영상, 음악, 미디어, 디자인, 예술과 엔터테인먼트 분야의 발전을 위한 청사진을 제시하였습니다. 자유로운 사회 분위기를 조성하고 여기에 문화 예술 분야의 창조성을 더해 국제 경쟁력을 강화해 나가고자 하였습니다. 이를 위해 도시 문화 예술 인프라에 대한 정책 자금을 지원하고, 관광 산업 육성을 위한 다양한 도시 전략을 추진하였습니다. 먼저 도시는 국제 예술 도시로서의 목표를 세우고 문화적인 기반을 조성하여 창조적이고 지식 기반적인 산업의 활성화를 추구하였습니다. 문화 산업의 경쟁력을 강화하기 위한 기반을 마련하고 문화 예술 활동을 지속적으로 유지할 수 있는 인프라를 구축하면서 문화 예술 참여와 지식 생산을 촉진하는 프로그램 개발, 다양한 예술적 경험을 제공하는 지속 가능한 문화 생태계 조성 등을 전략으로 제시하였습니다. 또한 실행 과정에서 관련 전문가뿐만 아니라 주민들이 도시의 공공 정책에 적극적인 참여할 수 있도록 독려하였으며, 그들의 의견을 수렴해 나갔습니다. 문화 예술 분야 종사자들의 작업장과 실험 무대를 확충해 나가며 이들의 참여도 이끌어 내었습니다. 대표적인 프로젝트는 '르네상스 도시 계획Renaissance City Plan'과 '미디어21 계획', '디자인 싱가포르Design Singapore' 등입니다.

　싱가포르의 경제 성공은 지식 기반 경제를 추구하는 정책에서 출발하고 있습니다. 이를 위해 국가경제자문위원회는 혁신과 창조성을 싱가포르 경제의 선진화에 필요한 중요한 요소로 지목했습니다. 그 첫 시작이 국가 전략으로 추진된 대형 도시 재생 프로젝트인 르네상스 도시 계획이었습니다. 기존 도심 지역을 재개발하고 국제적인 비즈니스 허브로 성장시키기 위해 다양한 정책적 지원과 투자가 이루어졌으며, 지식 산업 분야에 대한 인프라와 지원 체계도 구축되었습니다.

  2003년 싱가포르는 르네상스 도시 계획에 이어 미디어 부문에서의 성장과 디자인의 클러스터로의 변화를 위해 '미디어21 계획$^{Media21\ Plan}$'과 '디자인 싱가포르$^{Design\ Singapore}$'를 수립하였습니다. 금융뿐만 아니라 미디어 산업과 디자인의 허브로 높은 품질의 콘텐츠 및 디지털 미디어를 개발하고 생산하는 도시를 목표로 하였습니다. 이를 위해 싱가포르 정부는 지적 재산 보호법을 강력히 시행하여 해외 기업들의 신뢰성을 확보하였습니다. 또한, 적극적인 투자 유치를 통해 BBC, CCTV, ESPN, HBO, 루카스 필름 등의 지사 및 스튜디오를 이끌 수 있었습니다. 또한, 세계적으로 경쟁력 있는 디자인 기업들이 모여 활동할 수 있도록 클러스터를 조성하여 디자인 혁신과 아이디어 창출을 이끌었습니다. 그 결과 싱가포르의 문화 예술 산업의 경쟁력은 더욱 강화되었고, 예술 문화 도시로서 새로운 이미지도 구축할 수 있게 되었습니다. 또한, 싱가포르 시민들의 삶의 질과 아시아 예술의 허브로서 도시의 매력을 높이는 커다란 계기가 되었습니다.

빅토리아 극장과 에스플러네이드

 싱가포르 예술문화 전략보고기구^{ACSR}에 의해 수립된 'VISION25'에 의하면 '모든 싱가포르의 삶에서 예술과 문화를 불가분한 일부로 만드는 것'을 주요 목적으로 하였습니다. 2025년까지 적어도 국민 1인당 문화 예술 행사에 참여하는 비율을 40%에서 80%로, 적극적으로 참여하는 비율도 20%에서 50%로 올리는 것을 목표로 하였습니다. 세계적인 문화 도시로 도약하려는 싱가포르의 꾸준한 노력이 있었기에 가능한 목표입니다. 도시는 먼저 영국의 식민지 역사 속에서 만들어진 건축 문화 유산과 기존에 낡은 문화 시설 등을 새로운 예술 문화 공간으로 조성하였습니다. 식민지 시대의 유산인 빅토리아 극장은 국립 박물관으로 재생시켰고, 에스플러네이드 해변 극장^{Esplanade-Theatres on the Bay}, 싱가포르 미술관^{The Singapore Art Museum}, 아시아 문명 박물관^{The Asian Civilisations Museum} 등 기존의 문화 시설은 새롭게 리모델링하였습니다. 르네상스 도시 계획을 추진하면서 도심 곳곳에 예술가들이 활동할 수 있는 다양한 문화 공간도 조성하였습니다. 이렇게 조성된 문화 공간을 통해 도시는 문화 도시로서의 역량을 체계적으로 키워 나갈 수 있는 토대를 마련하였습니다. 여기에 도시의 우수한 교육 시스템을 바탕으로 시민들의 문화 소양을 높이기 위한 지원이 이루어졌습니다.

에스플러네이드 Esplanade

　더불어 싱가포르는 예술과 문화 활동을 증진하기 위해 다양한 정책과 프로젝트를 추진하였습니다. 도시 내에 문화 지구를 구축하여 시민들이 예술과 문화를 쉽게 접할 수 있는 환경을 조성하고, 이러한 활동을 위한 공공시설과 비즈니스 공간을 사용할 수 있도록 지원하였습니다. 먼저 창조적 클러스터를 조성하여 사회적, 경제적, 문화적으로 긍정적인 외부 효과를 만들어 내었습니다. 이러한 정책과 프로젝트는 기업에서도 지속적인 변화를 가져오고 있습니다. Workloft@Chip Bee, Workloft@Wessex, The SOHO@Central 등의 기업에서는 인재들의 창조성을 발현시키기 위해 근무 장소와 여건을 혁신적으로 바꾸었습니다. 도시는 국립예술위원회를 통해 예술 주택 계획도 추진하였습니다. 이를 통해 워털루 거리, 차이나타운, 리틀 인디아, 텔록 쿠라우 등 오래되어 이제는 사용하지 않는 창고와 상점들을 예술 그룹의 주택으로 변화시키고 예술인들의 생활 환경을 개선하였습니다.

도시는 일상생활에서 시민들의 문화를 향유하고 경험할 수 있는 무대도 확대해 나갔습니다. 예술 종합 단지인 에스플러네이드^{Esplanade}에서 무료 콘서트, 민족 기반의 예술 축제, 지역 사회 봉사 활동 등을 진행하였습니다. 국립 예술위원회의 '예술 범위$^{Art\ reach}$'에서는 중심부에서 시내 중심가로 예술과 문화를 가지고 돌아오는 프로그램을 펼쳐 나갔습니다. 사무용 빌딩과 쇼핑센터에서는 점심시간에 콘서트를 진행하였습니다. 그 결과 싱가포르는 예술과 문화의 진가를 아는 청중 생산을 위한 교육을 실천하면서 시민들의 문화 인식 수준과 접근성을 높여 나갈 수 있었습니다.

창조 산업 클러스터와 테스트 베드

세계적인 컨설팅 기업인 KPMG의 '2020 글로벌 기술 산업 혁신 조사$^{Global\ Technology\ Industry\ Innovation\ Survey}$'에 의하면 실리콘 밸리를 제외하고 앞으로 4년간 기술 혁신의 허브를 이끌어 갈 글로벌 10대 도시로 싱가포르가 1위로 선정되었습니다. 첨단 정보 기술 인프라와 정부의 전폭적인 지원, 지식 재산권^{IP} 보호법, 다양한 인재풀 등에서 높은 평가를 받은 것입니다. 물론 싱가포르의 산업 혁신은 한순간에 이루어진 것은 아닙니다. 이는 도시의 창조성 발현에 대한 싱가포르의 강한 의지가 그 배경이 되었습니다. 일찍이 전통적인 제조업 분야의 성장에 대한 한계를 깨달았던 싱가포르는 도시를 이끌어갈 새로운 산업의 필요성을 인식하였습니다. 그리하여 문화 예술, 디자인, 미디어, IT 분야 등의 산업을 조성하고, 이를 통해 창조적인 신제품과 서비스를 개발하는 노력을 집중했습니다.

그 첫 시작은 1990년대 영국의 창조 산업을 벤치마킹하여 탄생한 첨단 산업 중심의 산업 클러스터였습니다. 도시는 적극적으로 투자하면서 대규모의 창조 산업 클러스터를 조성해, 도시의 혁신을 이끌어 갈 산업 생태계를 구축하였습니다. 이를 통해 7만 2천 명의 새로운 일자리가 창출되었고, 저작권 산업 분야에서는 10여 년 만에 6배 이상의 성장을 이루어 내었습니다. 2006년 창조 산업의 경제적 부가 가치는 82억 달러에 도달하였고, 전체 부가 가치의 약 37%를 차지하였습니다. 고용 창출에서도 약 10만 9천 명의 일자리가 생겨났을 정도로 그 효과가 매우 컸습니다. 부문별로 보면 미디어 34%, 소프트웨어 30%, 디자인 24%, 문화 예술 12%의 고용 창출 비중을 보였습니다. 특히, 미디어 산업은 '싱가포르 미디어 퓨전 2015' 계획을 통해 전략적 초점을 미디어 서비스, 뉴미디어 어플리케이션 그리고 미디어 콘텐츠 등에 두고 투자하여 2015년까지 1만여 개의 일자리와 100억 달러의 부가 가치를 창출을 목표로 조성해 나갔습니다. 또한, 북위 1도$^{one\text{-}north}$ 지점에 지식 기반 경제 발전을 산업 시설을 집약시키는 '원 노스 프로젝트$^{One\ North\ Project}$'를 통해 바이오 메디컬·정보 통신 기술·미디어 등 창조 산업이 집적한 산업 클러스터를 조성하였습니다.

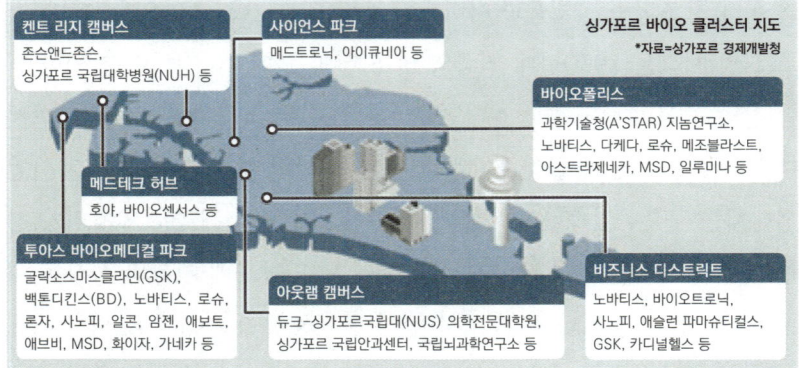

출처: 매일 경제(2019. 9.1.) 재인용

　대표적인 산업 클러스터로는 다국적 제약 기업들을 중심으로 조성된 '바이오 폴리스'가 있습니다. 2000년부터 15년에 걸쳐 싱가포르 정부가 산업 인프라와 교육 기관에 약 270억 달러를 투입해 조성한 클러스터입니다. 입주 기업에게 조세 감면 혜택을 제공하면서 세계적인 바이오 기업들이 싱가포르에 R&D 센터와 생산 공장을 조성하였습니다. 그 결과 연간 생산액만 무려 300억 달러에 달하는 세계적인 바이오 클러스터로 성장할 수 있었습니다. R&D 중심인 바이오 폴리스 인근에는 제조·생산 중심 클러스터인 투아스 바이오 메디컬 파크를 함께 육성하여 연구와 생산을 접목시킨 것도 새로운 시도로 평가받고 있습니다.[53] 도시는 바이오 폴리스뿐만 아니라 정보 통신 산업을 이끌어 나갈 퓨저노 폴리스 Fusionpolis, 미디어 산업을 이끌어 나갈 미디어 폴리스 Mediapolis 등의 산업 클러스터도 구축하였습니다.

　더불어 도시는 2013년 15개 정부 기관이 참여하는 물 재생 시스템 사업을 바탕으로 물 산업 클러스터를 조성하였습니다. 이로 인해 글로벌

---
53) 「바이오 강국 필수 요건 '바이오클러스터'」, 『데일리메디』, 2017.03.17.

기업인 GE, 지멘스 등 50개가 넘는 기업을 유치하였고, 120여 개 테스트 베드 프로그램을 지원하여 1만여 개가 넘는 일자리를 창출되었습니다.[54] 최근 싱가포르 정부는 4차 산업 혁명을 극복하기 위해 관련 사업 분야에 32억 달러를 투자하기로 결정하였습니다.[55] 세계 유수의 3D 프린팅 기업을 유치하고 시설을 갖추고 다양한 분야에 걸친 창조적 실험들로 4차 산업 혁명을 준비해 나가고 있습니다. 2020년부터 독일의 반도체 기업인 인피니온 테크놀로지스는 싱가포르를 인공 지능 허브로 개발하고 있으며, 액센츄어, 인포시스, 알리바바, 다이슨 등 글로벌 기업은 암호 화폐, 핀테크 관련 기업 운영하고, 인공 지능 기술 투자 계획을 밝혔습니다. 도시는 NCS 그룹, ST Electronic 등 현지 기업과 정부 연계 기업$^{\text{government-linked companies, GLC}}$ 협력을 통해 디지털 전환을 추진하고 있습니다. 지능형 교통 솔루션, 전자 결제 플랫폼, 사이버 보안, 사물 인터넷^{IOT}, 스마트 디지털 빌딩 등 인공 지능을 활용할 수 있는 여러 분야의 프로젝트를 진행하면서 미래 경제 발전을 위한 기반을 마련해 나가고 있습니다.

---

54) 「"이스라엘·싱가포르를 뛰어 넘어라" 창조경제형 물산업 클러스터 '박차'」, 『영남일보』, 2014.10.28.
55) 「제조업 기반 취약한 싱가포르·호주의 반란」, 『한국경제』, 2016.10.16.

창조적 인적 자본과 국제적 수준의 교육 시스템

싱가포르는 창조성의 원천을 인재에 두었습니다. 창의적인 인적 자본을 키워 내기 위해 도시는 경제 성장 초기부터 독자적인 교육 시스템을 구축해 왔습니다. 특히 창조 인재의 중요성이 커진 1990년대 이후 교육에서도 혁신적인 프로젝트가 진행되었습니다. 먼저 1997년, 교육 수준이 높고 창조적인 시민이 사는 도시를 목표로 '생각의 학교, 학습 국가$^{\text{Thinking School, Learning Nation}}$'를 추진했습니다. 이후에는 학생들이 계획하고 혁신하는 태도를 개발하는 것을 목표로 하는 '혁신과 기획$^{\text{Innovation and Enterprise}}$'을 추진하였습니다. 이를 통해 학생들은 창의적이고 문제 해결 능력을 강화하며, 기업가 정신을 기를 수 있었습니다. 또한, 이러한 교육 체계는 실무와 연계되어 직무 능력과 창업 기회를 확대시켰습니다.

산업 사회에 수월성을 중시했던 교육도 이러한 패러다임이 변화하면서 창의성 발현을 위한 교육으로 바뀌었습니다. 학교 교육에서 문제 해결력을 높이기 위한 방안을 제안하고, 예체능과 탐구 및 탐사 등의 방과 후 활동을 강화하였습니다. 다양한 교육 프로그램을 통해 실제 업무 환경에서 요구되는 기술과 직무 능력을 강화하고 있습니다. 그 예로, 프로그래밍, 데이터 분석, 인공 지능 등의 온라인 교육 프로그램을 제공하며, 학생들은 실제 업무에서 요구되는 기술을 학습합니다. 학생들 스스로 개념을 이해하고 정답을 도출하는 '과정 중심 교육'이 진행되면서 국제학업성취도평가^{PISA}에서 10년여 간 세계 1-2위를 유지할 수 있었습니다.

일찍이 영국 케임브리지대 국제시험기관^{CIE}이 운영하는 논·서술형 대학 진학 시험 에이 레벨$^{\text{A-Level}}$을 도입하였습니다. 또한, 국제 바칼로레아

기구^{국제학력인증기구}에서 개발해 운영하고 있는 IB의 아시아 본부이기도 합니다. 지적인 활동과 도전에 중점을 두고 실제 세계 및 지역과 연계된 학습을 통해 글로벌 맥락에서 미래를 준비하는 수업이 진행되면서 글로벌 인재를 육성하고 있습니다.

또한 도시의 성장과 민족과 종교의 다양성을 통합하기 위해 추진했던 이중 언어 정책은 영국, 미국 등과 같은 선진 교육 문화를 쉽게 수용해 적용할 수 있는 소통의 기반이 되었습니다. 초·중등 교육에서 영어를 필수로 가르치고 영어 수업이 진행되면서 학생들은 모국어와 함께 영어를 실생활에서 사용할 수 있게 되었습니다. 이는 싱가포르 학생들의 글로벌 역량을 키워 내고, 세계적인 대학과 기업을 도시로 유인하는 힘이 되었습니다.

도시는 인재 양성을 위해 대학과 직업 학교 등을 구분하지 않고, 약 65% 정도의 학비를 지원하면서 국민의 교육 수준을 높였습니다. 유학생도 졸업 후에 3년간 취업 조건을 의무로 하여 인재들의 유출을 막았습니다.

싱가포르대학교 전경

　싱가포르 인재 양성의 중심은 대학입니다. 도시는 '지구촌 학교'[56]를 목표로 밀라노의 도무스 아카데미$^{Domus\ Academy(2006년)}$와 2007년 뉴욕의 티쉬 스쿨$^{Tisch\ School\ of\ the\ Arts}$ 등 비롯해 세계 유수의 대학을 유치하였습니다. 또한 문화 예술 분야의 교육을 강화하기 위해 싱가포르대학교 음악원^{2001}과 예술 디자인 미디어 학교^{2005년}를 설립하였고, 래플스 디자인 연구소, 국제 디자인 학교^{FIDS}를 통해 전문 예술과 디자인 인재를 육성하였습니다. 무엇보다 CREATE$^{Campus\ for\ Research\ Excellence\ And\ Technological\ Enterprise}$캠퍼스 타워를 구축한 싱가포르대학^{NUS}은 세계적인 인재를 양성하고, 해외 인재를 도시로 유인하였습니다. 캠퍼스에서는 교수, 연구진, 해외 유학생 등

---

56) 싱가포르의 목표는 하버드와 MIT가 모인 '아시아의 보스턴'이자 동아시아의 고등 교육 중심이 되는 것입니다. (리처드 플로리다, 2009:495).

이 다른 글로벌 대학과 함께 협력해 혁신 기술을 발굴하고 있습니다. 대학 산하 Enterprise와 민간 기업인 SingTel innov8, 싱가포르 미디어개발청^{MDA}이 공동으로 설립한 Blk71을 통해 스타트업 기업의 아이디어 창출도 돕고 있습니다. 캠퍼스 내에서 기업가 정신과 최신의 경영 정보를 지원하고, 기업과 연계하여 산업 클러스터를 활성화시켜 나가며 지속적 스타트업을 이끌어 내고 있습니다.

싱가포르의 교육 시스템은 세계적인 경쟁에서 뛰어난 인적 자본을 보유하여 도시가 지속적으로 성장할 수 있는 창조성의 기반이 되었습니다. 학생들은 학교에서 창조적인 아이디어를 생산하고, 학교는 학생들을 기업가적 인재로 양성하였습니다. 이를 통해 싱가포르는 도시의 미래 산업 분야의 경쟁력을 강화해 가면서 교육 부문의 글로벌 리더로서 우뚝 설 수 있었습니다.

다양성의 문화가 꽃피운 페라나칸

싱가포르는 강력한 법치 국가이다 보니 동질성만을 강조할 것 같지만 지리적으로 다양한 민족과 종교가 공존하고 있기에 다양성을 존중하는 태도가 도시의 토대가 되어 왔습니다. 인종과 종교는 다르지만 싱가포르 시민이라는 아이덴티티로 하여금 서로 협력하고 배려하는 도시가 되었고, 이러한 조화는 시민들의 긍지와 자부심이 되었습니다. 그 중심에는 페라나칸^{Peranakan}이라 불리는 싱가포르만의 독특한 문화가 있습니다. 페라나칸은 15세기부터 16세기 많은 중국 무역상이 말레이반도에 정착하면서 이곳의 여성과 결혼해 낳은 후손[57]을 일컬었으나 지금은 그 개념이 확대되어 민족과 인종, 종교, 그리고 음식 문화 등 사회 전반에 걸친 싱가포르만의 다양성을 통칭합니다.

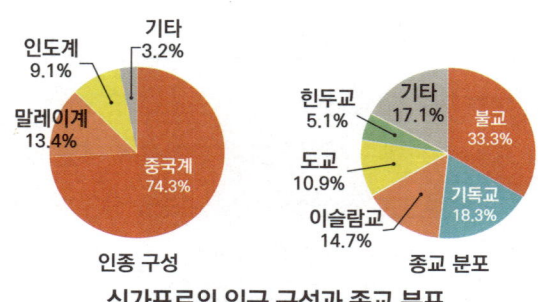

싱가포르의 인구 구성과 종교 분포
출처: 지방정부(2019.10.16) 재인용

작은 도시 국가임에도 불구하고 싱가포르에는 다양한 민족이 함께 공존합니다. 약 74%인 중국계가 가장 많은 비중을 차지하고 있지만, 말레이계 약 13%, 인도계 약 9.1%도 역시 많은 비중을 차지하고 있습니다. 다양한 민족들이 거주하다 보니 도시 내에 차이나타운, 리틀 인디아, 아랍 거리와 같은 인종별 지역도 형성되어 있습니다. 민족과 함께 종교도 다양합니다. 종교 분포를 보면 불교 약 33%, 기독교 약 18%, 이슬람 약 15%, 힌두교 약 5%로 4대 종교가 공존하고 있습니다. 석가탄신일인 베삭데이, 예수의 십자가 수난일인 성금요일聖金曜日, 수난일, 이슬람교 기념일인 이드 알피트르Hari Raya Puasa와 무슬림 순례자의 날인 이드 알아드하Hari Raya Haji, 힌두교의 최대 명절인 디파발리와 같이 각 종교의 기념일을 모두 국가 공휴일로 지정하고 종교 행사를 국가적으로 지원합니다.

---

57) 본격적으로 17세기에 시작되었으면, 중국인뿐만 아니라 인도인, 아랍인 등의 여러 민족의 남성이 말레이 여성들과 혼인을 하였습니다. 페나라칸 도자기를 뇨냐 도자기라고도 부르는데, 이는 중국 무역상과 혼인한 여성에서 태어난 여성을 뇨냐라고 부른 데에 기인합니다.

페라나칸의 문화는 중국과 말레이시아 문화가 융합된 퓨전 요리에서도 볼 수 있습니다. 중국인들이 즐겨 먹는 돼지고기에 말레이시아의 향신료를 넣거나 말레이시아 요리에 중국인들이 즐기는 면이나 숙주 등을 넣어 먹습니다. 닭이나 생선 육수를 사용해 만든 매콤한 쌀국수로 중국식 국수에 현지 맛이 더해진 락사^{Laksa}만 보더라도 코코넛 밀크를 넣은 락사 르막$^{Laksa\ Lemak}$, 타마린 즙을 넣은 아쌈 락사$^{Assam\ Laksa}$, 커리를 넣은 커리 락사 등이 있을 정도로 여러 민족의 재료와 융합된 음식 문화를 보여 줍니다.

세계 표준의 스마트 도시에서 스마트네이션으로

싱가포르는 스마트 도시 분야에서도 정부의 강력한 주도로 일찌감치 세계 표준을 만들어 가는 선도 도시가 되었습니다. 2017년 IDC 보고서에서 스마트 도시 사업을 추진하는 도시 중 가장 많은 투자를 하고 있는 도시로 조사되었을 정도로 스마트 도시 분야는 정부의 전폭적인 지원이 이루어지고 있습니다. 이러한 지원의 결과로 싱가포르는 2017년 주니퍼 리서치의 스마트 도시 퍼포먼스 지수 1위, 2018년 바르셀로나 스마트 도시 엑스포 '올해의 스마트 도시', 2020년 스위스 국제경영개발연구소 IMD· 싱가포르기술디자인대학^{SUTD} 선정 세계 스마트 도시 1위로 선정되었습니다.

도시는 1996년 '싱가포르 원One' 프로젝트, 1998년 '사이언스 허브' 프로젝트 등을 통해 스마트 도시로의 기반을 조성하였습니다. 2011년 싱가포르국립대학과 국영통신사 싱텔 등이 중심으로 결성된 민간 기업 협력 네트워크인 론치패드Launch Pad58)는 스마트 도시 건설에 필요한 신기술 개발을 이끌었습니다. 2014년 세계 최초의 스마트 국가, 즉 스마트네이션Smart Nation을 목표로 하는 '인포컴 미디어 2025 마스터플랜Infocomm Media 2025 Masterplan'을 수립하였습니다. 스마트네이션은 스마트 도시의 개념을 국가 차원에서 확대한 것입니다. '스마트네이션 펠로우십 프로그램'을 통해 싱텔을 중심으로 IBM, 시스코시스템즈 등 글로벌 기업과 세계적인 대학 등과 협력하여 전문가 네트워크도 마련하였습니다.

싱가포르는 스마트네이션을 실천해 가기 위해 지능형 교통 시스템과 무인 자동차 시스템의 데이터를 수집하고 분석할 수 있도록 '사이버 보안 연구 센터'를 설립하고, 사이버 보안 전략을 수립하기 위한 '사이버 보안청'을 신설하였습니다. 또한, 도시의 데이터, 교통, 물, 보안 및 안전 등 스마트 도시 사업을 총괄하도록 스마트네이션 프로그램 오피스SNPO를 신설하였습니다. 스마트네이션 플랫폼SNP·Smart Nation Platform을 설치해 공공 기관의 데이터를 공유 및 제공하였고, 사이버 보안 연구 센터를 설립하여 지능형 교통 시스템과 자율 주행차 데이터를 수입 분석하였습니다. 특히 도시 전체를 도로, 빌딩, 주거 시설, 공원 등을 비롯해 가로수, 육교 등 도시 내 모든 구조물을 '버추얼 싱가포르Virtual Singapore'이라고 불리는 3D 가상 현실로 구현하였습니다. 이 플랫폼은 실제 현장을 가상에 똑같이 구현한 디지털 트윈Digital Tween 기술입니다. 버추얼 싱가포르는

---

58) 약 15개의 액셀러레이터, 약 25개의 인큐베이터, 약 450개의 스타트업, 약 15곳의 벤처 캐피털 등이 참여해 각종 스마트 기술을 개발하고 있습니다.

스마트 도시 계획, 교통, 환경, 물류 등 모든 분야에서 활용되고 있습니다. 북부 신도시인 펀골^{Punggol} 타운 설계에서도 이 플랫폼이 활용되었습니다. 개발 전에 도시를 3D로 구현하여 바람길, 대기 순환, 일조권 등을 비롯해 공원, 쇼핑몰의 입지 등을 고려하여 쾌적한 도시를 조성할 수 있었습니다.

도시 내 신재생 에너지 발전소 입지, 안전사고 시뮬레이션 등에도 활용되고 있습니다. 디지털 트윈 기술 덕분에 직접 현장을 방문할 필요 없이 플랫폼 안에서 모든 상황을 예측해 최적의 결정을 내릴 수 있었습니다. 신재생 에너지 발전소의 경우 시간과 비용을 절감하면서 태양광 패널 설치 입지와 규모, 설치 방향과 에너지 생산량 등을 정확히 파악할 수 있었습니다. 화재 발생이나 가스 유출과 같은 안전 문제에서도 미리 예측 가능하도록 설계되었습니다. 재난 재해 상황에 대한 시뮬레이션을 통해 경찰, 소방관, 구조대 등을 최단 시간에 현장에 투입할 수 있도록 하고, 시민들의 대피 경로를 사전에 파악할 수 있도록 하였습니다.

싱가포르는 오래전부터 심각한 교통 체증 문제를 직면하고 있었을 뿐만 아니라 이로 인한 대기 오염도 심각했습니다. 이러한 문제 상황을 인식하면서 도시는 강력한 정책과 재정적 지원하에 스마트 모빌리티 분야에서도 세계 기술을 선도해 나갈 수 있게 되었습니다. 도시 자체를 자율주행의 실험실로 만들어 가고 있는 마스터플랜은 '20분 마을$^{20\text{-Minute Town}}$'과 '45분 도시$^{45\text{-Minute City}}$'입니다. '20분 마을'은 시민들이 거주하는 지역 안에 학교, 상점, 병원 등 모든 생활 시설을 이용할 수 있도록 인프라를 구축하는 것입니다. 여기에 첨단 스마트 기술을 접목하여 실시간 최적 코스를 제공하고자 합니다. '45분 도시'는 시민들의 출퇴근 시간을 45분 내로 만들어 가겠다는 프로젝트입니다. 이를 위해 철도 및 버스 등 대중

교통 시스템을 확대하고, 스마트 기술을 접목하여 다양한 교통 서비스를 지원해 나가고 있습니다.

먼저, 도시는 버스, 택시 등 대중교통 분야에서 자율 주행 기술을 도입하고 있습니다. 첫 시작은 2017년 세계 최초로 주거 지역의 공공 도로에서 픽업 서비스를 운행한 무인 자율 주행 택시인 누토노미^{NuTonomy}입니다. 2007년 싱가포르 정부와 MIT의 공동 프로젝트에서 시작한 누토노미는 2013년 소프트웨어 기업으로 독립하여 2016년 자율 택시 시범 운행을 성공적으로 마쳤습니다. 차량 공유 네트워크로 승객 가까이 있는 자율 주행 택시가 목적지까지 이동시켜 주는 시스템입니다. 대중교통과 자율 주행은 대형 버스에도 적용하여 시범 운행을 시작하였고 상용화에 나서고 있습니다. 이와 같은 스마트 대중교통 서비스의 발달은 승객의 편의를 제공할 뿐만 아니라 도시의 개인 차량 수를 줄여 부족한 주차 공간과 탄소 발생 문제를 해결해 나가며 도시 공유 경제의 실천 모델이 되었습니다.

더 나아가 싱가포르는 국제 사회와 협력해 스마트 도시 네트워크를 이끌어 나가고 있습니다. 2008년 도시는 지속 가능한 도시로의 변화를 위해 세계도시정상회의^{WCS, World Cities Summit}를 출범시켜 교통, 물 등의 문제를 해결해 나가기 위한 국제 협력을 이끌고 있습니다. 2018년에는 '아세안 스마트 도시 네트워크^{ASEAN Smart City Network, ASCN}'도 출범시켜 아세안 국가들의 스마트 도시 구축을 위한 방향을 제시해 협력해 나가고 있습니다.

생태 도시 전략으로 피어난 정원 도시

가든스 바이 더 베이 Gardens by the Bay

싱가포르는 도시에서 자연을 즐길 수 있는 생태 도시입니다. 이를 가능케 하는 것은 녹지 비율을 지속적으로 높이고 파크 커넥터를 조성하는 등의 프로젝트의 실천에 있습니다.

도시의 녹지 비율을 높이기 위한 노력은 '가든 시티Garden City'에서 시작되어 '시티 인 어 가든City in a Garden' 프로젝트로 진화해 왔습니다. 이는 녹지를 더 이상 넓힐 수 없는 상황에서 아예 '도시를 녹지 안에 둔다'는 역발상에서 시작되었습니다. 시민들이 휴식을 즐기는 공원을 조성하고 서로 길로 연결하는 프로젝트로 2007년부터 총길이 360km의 파크 커넥터Park Connector를 조성하였습니다. 이 사업의 상징은 바로 항만 옆에 마치 숲 속에 들어 온 것만 같은 거대한 숲인, '가든스 바이 더 베이Gardens by the Bay'

입니다. 공원을 전망할 수 있는 인공 트리 전망대, 야외 온실인 플라워 돔, 온실 속에 거대한 폭포인 클라우드 포레스트를 함께 조성하였습니다.

가든스 바이 더 베이의 인공 트리 전망대

도시 건축에도 친환경에 대한 계획은 충실히 반영되어 있습니다. 건물 자체를 관광 자원으로 보고 기존의 건축과 비슷한 설계는 건축 허가를 내주지 않는 정책도 시행하고 있습니다. 이러한 방식은 건물을 마치 정원 안에 있는 하나의 조각 작품처럼 보이게 하는 기능을 하면서 도시를 하나의 거대한 정원이자 예술 무대로 만들었습니다.

파크 로얄 온 피커링 Parkroyal on Pickering

　도시의 랜드마크 호텔 중 하나인 파크 로얄 온 피커링 Parkroyal on Pickering이 대표적인 사례입니다. 이 건축은 시멘트 지붕이나 벽면이 아닌 정글의 숲을 담은 식물들로 디자인되어 있어 있습니다. 바빌론의 공중 정원을 연상시키는 건축은 도심 속에서도 자연 분위기를 느끼게 합니다. 여기에 에너지 자립과 탄소 중립까지 더해 지속 가능한 건축의 미래를 보여 줍니다. 정원을 유지하는 것은 많은 물과 에너지가 필요하지만, 건물은 비와 폐수를 재활용하여 정원에 물을 공급하고, 태양광 패널을 통해 건물을 동력화하는 데 필요한 에너지의 상당 부분을 제공합니다. 정원 건축에서 수직 정원은 도시의 밀집 지역에서 공원과 녹지 공간을 연결하는 역할을 합니다. 또한, 더위와 습도가 심한 싱가포르의 기후로부터 건물을 보호하여 실내 환경을 쾌적하게 유지해 주기도 합니다. 캄풍 어드미럴티 Kampung Admiralty 건축은 녹지대 비율을 1000% 이상 늘려서 건물 내부와 외부에 수직 정원을 구성했습니다. 이는 녹색 지붕이나 벽면과는 다르게 건물 내부 공간을 활용하여 자연과 도시의 조화를 이루는 친환경적인 건축물입니다. 오아시아 다운타운$^{Oasia\ Downtown}$은 수직 정원의 식재뿐 아니라 유지 관리 및 보수도 지속적으로 진행되며, 4개 층마다 스카이가든이 있는 스카이빌^{Skyville}은 무더운 날씨를 감안한 바람길로 자연 환기를 하고, 태양열 패널을 이용하여 전기를 공급하는 시설로 공공 건축물의 모델이 되었습니다.

　이처럼 싱가포르는 정원 도시 프로젝트를 중심으로 한 친환경 전략을 지속적으로 추진해 나가면서 미래형 생태 도시로 성장할 수 있었습니다. 전 세계 어떤 도시보다도 깨끗하고 쾌적한 정주 환경은 생태 보전과 탄소 중립에 대한 도시의 강한 의지를 보여 줍니다.

마이스^{MICE} 산업과 창조 관광

　싱가포르는 동남아시아에서 중계 무역항으로 번영해 온 역사를 가지고 있습니다. 하지만 말레이시아, 인도네시아 등 주변 국가들이 중계 무역을 폐지하고 직접 무역으로 전환하면서 중계항으로서의 역할은 크게 감소하게 되었습니다. 1970년대 추진된 산업화 전략도 국내 시장의 협소 문제로 관광 산업이 미래 산업에 대한 새로운 전략으로 수립되었습니다. 관광 산업을 육성하기 위해 싱가포르 정부는 싱가포르 관광청$^{STB,\ Singapore\ Tourism\ Board}$을 설립하여 관광 마케팅 및 컨벤션 산업 육성 등 다양한 분야의 관광 정책을 선도적으로 추진해 왔습니다. 싱가포르 관광청은 국제적인 마케팅 캠페인을 진행하고 있으며, 세계적인 이벤트나 축제를 유치하여 관광객들을 유인하였습니다. 칭게이^{Chingay} 축제, 그랑프리 시즌, 푸드 페스티벌 등 매해 다채로운 이벤트를 개최하며 활기찬 도시 분위기를 조성해 나가고 있습니다. 뿐만 아니라 매해 수백여 개의 국제 회의 등을 이끌며 명실상부한 MCIE 산업 도시로서의 위용을 높여 나가고 있습니다.

싱가포르는 유니버셜 스튜디오, 카지노, 호텔, 쇼핑몰, 레스토랑 등을 갖춘 리조트 월드 센토사$^{Resort World Sentosa}$를 건설하여 2010년 2월 개장하였습니다. 이어 4월에는 마리나 베이에 마리나 베이 샌즈를 개장하였습니다. 카지노, 컨벤션 센터, 극장, 박물관 등을 포함한 복합 관광 단지인 마리나 베이 샌즈는 도시 경제를 이끌어 가는 원동력이 되었습니다. 2012년 그 옆에 싱가포르 국립정원 '가든스바이더베이$^{Gardens\ by\ the\ Bay}$'를 함께 조성하여 관광의 효과를 더욱 극대화시켰습니다. 세계 최대의 기둥 없는 온실 정원인 클라우드 포레스트$^{Cloud\ Foreset}$와 플라워 돔$^{Flower\ Dome}$, 실내 최대의 인공 폭포 클라우드 마운틴 및 18개의 슈퍼트리가 매해 수백만 명의 관광객을 유인하였습니다.

마리아 베이 샌즈Marina Bay Sands 일대 전경

　마리나 베이 샌즈가 만든 직간접적인 일자리는 4만 6천여 개에 달합니다. 2010년 개장 후 2015년까지 50억 싱가포르 달러^{약 4조380억 원}의 세금을 납부하였을 정도입니다.[59] 2019년 마리나 베이 샌즈 전체 매출액 약 82억 싱가포르 달러로, 개장 이후 지속적으로 상승하였습니다. 초기 카지노 매출 비중이 높았지만 관광 산업의 성장으로 호텔 부문 매출이 지속적으로 상승하여 가장 높은 비중을 차지하였습니다. 2000년대 이후 매년 수백만 명의 관광객을 유치하여 관광 산업이 큰 성공을 거두었습니다. 싱가포르의 관광 진흥 정책과 인프라 개발에 주요했습니다. 2000년에는 약 7백만 명이었던 관광객은 이후 매년 증가해 2010년 약 1천1백만 명, 2016년 약 1천5백만 명, 2019년에는 약 1천9백만 명에 도달했습니다. 이러한 관광 산업의 육성은 싱가포르 국민 경제에 큰 영향

---

59) 「일자리 4만6천개·세금 4조…빌딩 하나가 살린 싱가포르 경제」, 『매일 경제』, 2017.02.06.

을 미쳤습니다. 그 결과, 싱가포르는 현재 국제적으로 인정받는 관광 명소 중 하나가 되었습니다. 마리나 베이 샌즈는 싱가포르 마이스^{MICE} 산업에서 이끌어 낸 도시 경제의 원동력이 되었을 뿐만 아니라 이와 같은 성공으로 인해 세계 주요 도시들이 마이스^{MICE} 산업을 육성하는 데 있어 그 모델이 되었습니다.

일 년 내내 다채로운 국제 행사가 열리는 싱가포르는 이른바 기업 회의^{Meeting}, 인센티브 관광$^{Incentive\ tour}$, 국제회의^{Convention}, 전시^{Exhibitio}로 일컬어지는 마이스^{MICE} 산업의 메카입니다. 국제협회연합에서 발표한 '국제회의 통계 보고서'에 따르면, 2019년 싱가포르에서는 개최한 국제회의는 869건에 달했습니다. 전 세계에서 열린 국제회의 중 2.8%로, 싱가포르는 마이스 산업 분야에서 아시아·태평양 최고 도시로 인정받고 있습니다. 풍부한 스토리텔링과 타깃 세분화를 통해 외국 관광객 유치 증진을 위한 새로운 이미지 구축에 주력하고 있으며, 빅 데이터를 활용한 철저한 마케팅 전략을 세우고 있습니다. 마이스 산업에 높은 수준의 인프라와 인적 자원, 혁신적인 정책으로 도시는 국제적인 경쟁에서 우위를 점하고 있습니다.

이처럼 싱가포르는 문화유산을 비롯하여 각종 전시회 및 국제회의를 포함하는 도시만의 독특한 매력 요소를 발굴해 나가면서 문화 관광 산업의 성장을 이끌어 낼 수 있었습니다.

결론: 싱가포르의 지속 가능성 평가

일찍이 Hall은 『Cities in Civillzatin』(1998)이라는 저서를 통해 싱가포르를 철저한 국가 발전 전략을 근간으로 한 세대만에 절망적인 식민지 빈곤에서 벗어나 선진국 수준의 물질적 풍요를 이룩한 세계 역사상 가장 놀라운 사례로 평가하였습니다. 도시는 다양성을 존중하는 사회 분위기와 독자적 도시 계획의 전통 속에 피어난 창조성을 기반으로 도시를 변화시켜 나가면서 지속 가능한 도시로의 성장을 이끌었습니다. 정치적 안정을 바탕으로 한 도시 프로젝트의 실천, 안정적인 도시 재정과 지식 기반 경제의 세계화, 도시 재생을 통한 문화 예술 공간의 마련, 창조 산업 클러스터와 테스트 베드, 우수한 인적 자본 유치와 국제적인 수준의 교육 시스템 구축, 세계 표준을 이끌어 가는 스마트 도시 전략 실천 등을 통해 도시의 미래를 준비하였습니다. 싱가포르가 미래 도시의 모델로 선도적 위치에 설 수 있었던 배경과 전략, 실천 등을 정리해 보면 다음과 같습니다.

첫째, 싱가포르는 오랜 정치적 안정 속에서 강력한 도시 정책을 추진하면서 도시의 혁신과 지속 가능성을 높여 나갈 수 있었습니다. 즉, 전문성을 기반으로 한 공공 부문의 치밀한 기획력, 실용주의를 바탕으로 한 역동적인 거버넌스는 싱가포르만이 지닌 강력한 힘이 되었습니다. 1990년대 기초 제조업에서 고도 기술 산업으로 2000년대 '예술의 세계 도시'로 개발을 목표로, '르네상스 도시 계획$^{\text{Renaissance City Plan}}$'과 '미디어21 계획$^{\text{Media21 Plan}}$', '디자인 싱가포르$^{\text{Design Singapore}}$'의 마스터플랜을 실천해 나갈 수 있었습니다. 글로벌 기업의 투자를 활성화시키기 위해 국가 전역을 자유 무역 지역으로 지정하고 각종 세금 혜택을 통해 기업 활동을 도우면서 싱가포르는 세계적인 경쟁력을 갖출 수 있게 되었습니다.

둘째, 싱가포르는 문화유산을 창조 계층이 활동할 수 있는 공간으로 재생시켜 나가면서 도시의 문화 예술 역량을 강화시킬 수 있었습니다. 영국의 식민지 시대의 유산과 산업화 시대의 노후된 건물들이 극장, 미술관, 박물관 등으로 새롭게 리모델링되었습니다. 이렇게 조성된 문화 공간을 통해 도시는 문화 도시로서의 역량을 체계적으로 키워 나갈 수 있는 토대를 마련하였습니다. 시민들이 예술과 문화를 쉽게 접할 수 있는 환경을 조성하고, 예술인들의 생활 환경을 개선하였습니다. 문화 예술의 가치를 이해하고 향유할 수 있도록 다양한 문화 행사를 유치하고 진행하면서 시민들이 문화 예술 행사에 참석하는 비율을 증대시켜 나갔습니다.

셋째, 일찍이 도시는 전통적인 제조업 분야의 한계를 인식하고 첨단 산업 중심의 창조 산업을 육성해 도시의 새로운 성장 기반을 마련할 수 있었습니다. 영국의 창조 경제를 모델로 삼아 문화 예술, 디자인, 미디어, IT 분야 등의 중심으로 산업을 개편하고 혁신적인 신제품과 서비스를 개발해 나갔습니다. 또한, 사회·경제·문화적으로 긍정적인 외부 효과를 만들어 내는 클러스터링을 위해 창조적 클러스터를 조성하였습니다. 2000년대부터 다국적 제약 기업들을 중심으로 조성한 바이오 폴리스, 비롯해 퓨저노 폴리스, 미디어 폴리스 등을 구축해 산업 생태계의 기반을 마련하였습니다. 최근에는 세계적인 기업을 유치하고, 다양한 분야에 걸친 창조적 실험들을 이끌견서 미래 경제 발전을 위한 기반을 마련해 나가고 있습니다.

넷째, 싱가포르는 인적 자본을 생산하는 독자적인 교육 시스템 구축하여 도시에 창조적 인재를 양성하며 지속적인 혁신을 이끌어 낼 수 있었습니다. 시민들 누구나 창조적 학습자가 될 수 있도록 학교 교육에서부터 창의적이고 비판적 사고 능력의 개발에 초점을 둔 학습 국가로의 정책을 추진하였습니다. 학교 교육에서는 창조성을 발현하는 교육, 실험해 볼 수 있는 교육, 실천적인 IB교육, 인공 지능을 활용할 수 있는 교육으로의 전환 등 다양한 선진 교육 정책들을 추진해 왔습니다. 창조성을 키우기 위해 스스로 개념을 이해하고 정답을 도출하는 '과정 중심 교육'을 실천한 결과 국제학업성취도평가^{PISA}에서 10년여 간 세계 1-2위를 유지했고, 이렇게 배출된 인재는 도시의 지속 가능성에 밑그림이 되었습니다. 또한, 도시는 지구촌 학교를 목표로 세계 유수의 대학을 유치하여 인재를 양성하고, 해외 인재를 유인하였습니다. 학생들의 혁신적인 아이디어를 창업으로 이끌고, 기업과 연계하여 산업 클러스터도 활성화시켜 나가며 도시에 혁신을 불어넣었습니다.

다섯째, 싱가포르는 미래 성장 전략으로 스마트 도시를 목표로 두고 이를 실천하면서 세계 표준을 만들어 나갔습니다. 정부의 전폭적인 지원을 바탕으로 스마트 도시를 넘어 세계 최초의 스마트 국가, 즉 스마트 네이션의 기반을 조성하였습니다. 지능형 교통 시스템과 무인 자동차 시스템은 물론, 에너지, 물, 보안 및 안전 등의 분야에도 스마트 시스템을 구축하였습니다. 특히, 디지털 트윈$^{Digital\ Tween}$ 기술로 '버추얼 싱가포르

Virtual Singapore'라고 불리는 3D 가상 현실로 구현하여 도시 계획, 교통, 환경, 물류 등 모든 분야에서 활용하면서 쾌적한 도시 환경을 조성해 나가고 있습니다. 특히, 도시는 스마트 모빌리티 분야의 최신 기술을 선도하고, 스마트 그리드를 활용해 탄소 소비를 절감하며, 국제 사회와 협력해 스마트 도시 네트워크를 이끌었습니다.

하지만 이러한 높은 평가 속에서도 도시의 지속 가능성에 대한 딜레마는 함께 공존합니다. 플로리다[2009]는 협소한 내수 시장과 높은 지가, 부족한 소프트 인프라, 낮은 관용성 등을 싱가포르의 문제로 제시하였습니다. 특히, 관용성이 부족한 사회의 모습은 '아시아의 보스턴'이자 동아시아의 고등 교육 중심이 되는 '지구촌 학교'를 목표로 싱가포르가 추진하는 서구 대학 유치에 부정적인 영향을 줄 수 있다고 보았습니다. 리조트를 유치하는 일 역시 싱가포르의 창조성을 세우는 일이라기보다는 창의적 인재를 밖으로 내몰 수 있으며 국가적인 창조성을 감소시킬 것으로 평가하였습니다.

그럼에도 불구하고 도시는 게이 문화를 완화하는 정책을 추진하고 다양한 문화가 함께 공존하는 그림을 지속적으로 그려 왔습니다. 외국인 인재를 받아들이는 데 거리낌이 없으며 이러한 인재들이 도시의 경쟁력이 되고 있습니다. 매우 높은 교육 수준과 이중 언어를 사용하는 것도 여전히 싱가포르의 큰 강점입니다. 앞서 비판을 받았던 도시 재창조를 위한 리조트 유치는 관광 컨벤션 분야를 이끌면서 도시의 신성장 동력이 되었습니다.

7부

미국 오스틴

도시 개관

오스틴의 위치

오스틴은 미국 남서부의 텍사스 중앙, 콜로라도강 유역에 세워진 텍사스주의 주도입니다. 총 면적은 704km², 완만한 지형에 레이디 버드 호수$^{Lady\ Bird\ Lake}$, 오스틴 호수$^{Lake\ Austin}$, 트래비스 호수$^{Lake\ Travis}$ 등 세 개의 거대한 인공 호수를 끼고 있습니다. 온대 기후 지역이지만 일부에서는 열대기후와 건조 기후가 나타나기도 합니다. 인구 규모는 약 97만 명$^{2020년\ 기준}$이고, 오스틴을 중심으로 한 대도시 권역인 오스틴-라운드 락$^{Austin-Round\ Rock\ metropolitan\ area}$은 약 200만 명의 규모[60]를 보입니다.

오스틴은 아메리카 원주민(통가와 인디언)들이 거주하면서부터 그 역사가 시작되었습니다. 1830년 유럽인(앵글로 색슨계)들이 이곳에 처음 정착했을 때는 멕시코의 일부였습니다. 1837년, 식민지 정착자들은 콜

---

60) "Austin", 위키피디아 영어판, 이두현(2022)

214 　　　　　　　　　　　　　　　　미래를 준비한 세계의 도시들

로라도강의 주변에 워털루^{Waterloo}라는 마을을 세웠습니다.

이후 얼마 되지 않아 도시 이름은 오스틴으로 변경되었습니다. '텍사스의 아버지'로 불리는 스티븐 F. 오스틴$^{Stephen\ F.\ Austin}$에서 이름 붙여진 것입니다.

초기 도시는 에드윈 월러$^{Edwin\ Waller}$가 설계한 14개 블록의 그리드 계획에 의해 세워졌습니다. 남북으로 여러 개의 도로가 놓이면서 직교형의 도시가 조성되었습니다. 이는 현재 오스틴의 도시 계획의 기초가 되었습니다.

1800년대 후반, 도시는 여러 철도 노선이 가로지르게 되면서 목화와 가축 수송의 주요 거점이 되었습니다. 그러나 타 도시를 지나는 새로운 철도 노선이 조성되면서 무역 기능은 점차 상실하게 되었습니다. 1900년대부터 시작된 멕시코만 일대의 오일 붐으로 인해 텍사스주뿐만 아니라 오스틴에도 새로운 경제적 기회가 창출되었습니다. 1920년대 들어와서는 본격적인 도시 개발이 진행되었습니다. 그러나 사회적으로는 앵글로 색슨계와 아프리카계 미국인, 그리고 멕시코인 등이 서로 분리되어 있었습니다. 거주지뿐만 아니라 의료, 교육 등 일상의 대부분이 나뉘었고, 이는 법률로까지 제도화되어 있었습니다. 세계 대공황 당시, 도시는 심각한 경제 침체를 경험했습니다. 제2차 세계 대전에서 군수 지원에 대한 미국의 강한 의지로 도시는 성장이 발판을 마련하게 되었습니다. 오스틴 텍사스주립대학교에 대폭적인 연구비가 지원되었고, 연구 단지가 조성되었습니다. 20세기 중반 이후 도시는 성장을 거듭하면서 텍사스주를 대표하는 도시 중 하나가 되었습니다. 20세기 후반에 들어서는 반도체 및 소프트웨어를 중심으로 최첨단 산업을 이끄는 글로벌 도시로서의 역할을 담당해 오고 있습니다.

레이디버드 호수에서 본 오스틴 중심가의 스카이라인

오스틴은 2008년 금융 위기 이후로 높은 경제 성장을 보였습니다. 도시의 첨단 산업 역량은 기업, 지역 대학 등과 함께 협력하면서 더욱 강화해 나갈 수 있었습니다. 텍사스주 의사당을 중심으로 회랑을 이루던 도시 스카인라인은 최근 마천루 붐이 일면서 고층 빌딩 중심의 스카이라인이 형성되었습니다. 지금도 도시 곳곳에는 수십여 개의 고층 빌딩들이 세워지고 있습니다.

2019년 이후 뉴욕, 로스앤젤레스 등은 코로나19로 인해 인구 감소 문제를 겪었지만, 오스틴은 오히려 인구가 증가하였습니다. 인구 증가율 2.84%로 이는 미국 내 100대 도시 중 가장 빠른 성장세였습니다. 첨단 산업 기반과 높은 삶의 질은 많은 사람들이 도시로 몰리는 요인이 되었습니다. 최근 10년 간(2009-2019)을 보더라도 미국의 인구 증가율은 6.9%였지만, 오스틴은 무려 32%에 달했습니다. 중위 연령도 34.9세로 미국 평균 38.2세보다 3살 이상 낮은 젊은 도시입니다. 뿐만 아니라 2015 윌렛 허브가 선정한 살기 좋은 도시 1위, 2020년 새빌스^{Savills}가 선정한 비즈니스하기 좋은 도시 1위 등 여러 통계에서 순위에 올라와 있습니다. 이러한 오스틴은 현재 미국을 넘어 전 세계의 경제, 사회, 문화를 주도하는 선도적 위치에 서게 되었습니다.

오스틴 지역 경제 개발 전략

1991년, X세대를 그린 〈슬래커$^{Slacker·게으름뱅이}$〉의 영화 촬영 현장이었던 오스틴, 이제는 '야심의 도시'로 불리고 있습니다.[61] 과연 도시의 변화를 이끈 그 원천은 무엇이었을까요?

도시가 침체의 기로의 빠졌을 때, 오스틴은 먼저 문제 상황을 명확히 인식하는 것에서부터 실타래를 풀어 나갔습니다. 도시 내외 산재한 여러 문제를 발견하고 이를 해결할 수 있는 새로운 개발 전략을 수립하며, 지역 사회의 강력한 연대를 이끌어 내었습니다. 여기에는 첨단 산업 도시 개발에 대한 연방 및 주 정부의 적극적인 협력과 지속적인 지원이 있었습니다.

그 시작은 1950년대 후반으로 거슬러 올라갑니다. 도시는 객관적인 시각에서 도시 전략을 세우기 위해 개발 전략의 주축을 오스틴 상공 회의소에 두었습니다. 이 상공 회의소가 주도하여 외부 기관에 도시에 대한 평가와 전략을 의뢰하였습니다. 그 결과를 바탕으로 도시는 전자 산

---

61) 「[세계의 IT도시들] (3) 오스틴」, 『한국일보』, 2000.11.29.

업 육성 전략을 추진하게 되었습니다. 여기에 주 정부, 오스틴 상공 회의소, 오스틴 텍사스대학교 등이 중심이 되어 지역 사회가 강력한 연대를 이루었습니다. 이는 첨단 산업을 유치하고 육성하는 데 있어서 정책적·제도적 지원과 경제적·조직적 지원을 가능하게 하였습니다.

특히, 도시와 기업 간에 협력적인 관계를 유지하고 발전시키기 위한 목적으로 설립된 오스틴 상공 회의소는 농업 중심 경영에서 혁신적인 산업으로의 전환을 주도하였습니다. 오스틴 상공 회의소는 정부와 주요 정책 프로그램에 대해 파트너십을 구축하였으며, 경제적인 지원과 홍보를 진행하였습니다. "더 큰 오스틴을 사십시오.Buy Greater Austin" 프로그램을 진행하여 도시 내의 기업들을 홍보하고, 외지의 기업들을 유치하였습니다. 이를 통해 도시에 대한 신뢰와 믿음을 증진시키고, 도시의 경제 성장을 더욱 가속화시켰습니다. 또한 경제개발부서를 설치하여 지역 기업들이 새로운 산업 분야로 진출할 수 있도록 돕고, 기업 유치에도 앞장섰습니다. 오스틴을 국제적인 기업 도시로 만들기 위한 도시 인프라 개발을 이끌어 내었으며, 새로운 컨벤션 센터를 조성하는 프로젝트도 진행하였습니다.

이러한 노력 덕분에, 오스틴은 1950년대 초부터 1970년대까지 지속적인 성장을 이루었습니다. 이때 트라코사를 비롯한 다양한 기업들이 설립되었으며, IBM, 텍사스 인스트루먼트, 모토롤라, AMD 등의 기업들도 오스틴에 자리를 잡았습니다. 물론 당시에는 첨단 산업 도시로 가는 과도기로 민간보다 공공 부문에 의존했던 상황이었습니다.

1980년대 중반, 첨단 산업 도시로 변화하기 위한 도시의 노력으로 인해 보스턴 루트 128과 실리콘 밸리 등에서 활동했던 벤처 투자가들은 오스틴에 관심을 갖게 되었습니다. 첨단 산업 유치의 시너지 효과가 큰 도시로 인정받게 되면서 오스틴은 미국 내 57개 도시가 유치 경쟁을 벌였던 MCC^{Microelectronics & Computer Technology Corporation}와 반도체 산업 경쟁력을 높이기 위해 설립한 비영리법인 세마텍^{SEMATECH, Semiconductor Manufacturing Technology}을 유치시킬 수 있었습니다. 실험 정신으로 무장한 벤처 기업에 대한 오스틴 벤처의 과감한 투자는 도시 경제의 재도약을 이끌어 내었습니다. 연방 정부에 의존하기보다는 오스틴 텍사스대학과 밀접한 관계를 유지하고 기술 개발을 통해 기업과 도시의 혁신을 가져오는 기업형 정부로의 전환이 도시 경제의 촉진제 역할을 하였습니다. 새롭게 유입된 기업들이 협력적 네트워크를 형성할 수 있도록 도왔고, 이를 통해 또 다른 기업들의 유인을 이끌어 내었습니다. 기업형 정부의 핵심 중 하나는 세금 혜택이었습니다. 뉴욕과 비교해서 50% 이상 낮은 세금 부담률은 기업과 사람들을 유인하였습니다. 텍사스 주에서는 개인 소득세와 법인세도 과세하지 않았습니다. 식료품, 교통 등 여러 분야에서 미국 평균보다 저렴한 생활비와 양질의 고소득 일자리, 그리고 편리한 주거 환경 등은 오스틴을 더욱 활기차고 풍요롭게 만들었습니다.

> **TIP 안전을 위한 오스틴의 노력**
>
> 오스틴은 '가장 안전하고 위험한 미국 도시들' 선정에서 2011년에는 6위, 2014년에는 엘패소, 뉴욕에 이어 3위까지 올랐습니다. 도시 안전을 위해 오스틴은 범죄, 법, 화재 및 비상사태 등을 대비해 적극적인 전략을 추진하였습니다. 무엇보다 도시는 안전이 시민들의 삶의 질을 높이는 데 있어서 중요한 요인으로 봤습니다. 먼저 범죄 안전과 관련해서는 오스틴 경찰국을 주축으로 갱단을 억제하고, APD 탐색과 모니터링, 그리고 범죄 뷰어 Crime Viewer 등을 활용해 지역 사회를 안전하게 지켜 가고 있습니다.

> 재난 분야에서는 소방서를 중심으로 지역 화재 경보 시스템을 구축하고, 화재 및 생활 안전 수칙을 준수하고 있으며, 화재 사건 예방 및 지역 사회 응급 대응팀을 구성하고, 비상 통보 시스템을 구축하여 비상사태에 대비하고 있습니다. 또한 응급 의료 서비스 및 소방 고용 등 공공 안전을 확보하기 위한 고용 확대를 통해 도시 안전 시스템을 구축해 나가고 있습니다.

이상한 대로 오스틴을 두라 Keep Austin Weird

오스틴은 시와 시 의회를 중심으로 창조 산업과 문화 예술 프로젝트를 주도적으로 추진하면서 도시에 창조적 힘을 불어넣었습니다.

카우보이, 목장, 바비큐로 연상되는 텍사스주는 전통적으로 보수적인 정치 문화를 보이는 곳입니다. 하지만 이 주의 주도인 오스틴시는 전 세계 젊은이들이 꿈꾸는 진보적인 문화의 도시, 즉 히피 hippie[62]의 도시입니다.[63] '이상한 대로 오스틴을 두라 Keep Austin Weird'라는 공식 슬로건처럼 오스틴은 '이상함'을 도시의 다양성으로 인정합니다.[64] 이는 오스틴이 사람들의 개성과 가치를 존중하며 젊음의 열정으로 가득한 전율이 흐르는 도시라는 것을 의미합니다. 독특한 작품 세계를 펼치고 자신만의 생활 방식을 추구하며 활동하는 예술가들의 무대가 바로 이곳, 오스틴입니다. 첨단 산업 도시로서 최고의 찬사를 받고 있는 오스틴은 알고 보면 전

---

62) 탈사회적 행동을 하는 청년들로, 1966년 미국 샌프란시스코를 시작으로 뉴욕, 로스앤젤레스, 파리, 런던 등으로 퍼져 나갔습니다.
63) 「미국 오스틴, 히피 역동성이 꽃피운 첨단산업…불 밝힌 실리콘힐스」, 『매일경제』, 2015.04.29.
64) 「지자체 콘텐츠 개입, 어떤 이유로도 안돼」, 『동아닷컴』, 2016.07.12.

세계 라이브 음악의 수도이기도 합니다.

　이와 같은 첨단 산업과 문화 예술의 창조적 역량을 키우기 위한 변화의 시작은 1998년 '21세기 경제$^{Next Century Economy}$'라는 신경제 정책을 추진하면서부터입니다. 인적 자원, 즉 인간의 가치를 중요하게 인식하면서 창조적 인재들을 유인할 수 있는 환경 조성에 초점을 두고 도시 정책을 수립하였습니다(허정현, 2006). 이것이 도시 내 첨단 산업의 결속력과 지속성을 높여 첨단 산업 도시로서 오스틴의 창조성을 높일 수 있다고 보았기 때문입니다. 결국, 문화 예술의 육성은 도시에 첨단 산업을 유치할 수 있는 힘이 되었을 뿐만 아니라 시민들의 삶의 질과 도시의 가치를 높이는 계기가 되었습니다.

　현재 오스틴은 미국 내 1인당 음악 공연장 수 1위의 도시입니다. 음악 공연장만 해도 시가지에서만 250여 개에 달합니다. 시 의회는 '오스틴 음악과 창조 산업 생태계에 관한 일괄 결의안'도 통과시켰습니다. 주요 내용으로는 예술가들의 안정적인 생활 기반을 마련하기 위한 방안으로 시내 호텔의 세금에서 일정액을 예술가와 예술 관련 단체에 지원하는 것입니다. 클럽이 있는 구역에서 클럽 조성 이후에 들어 온 주거 시설은 클럽의 소음에 항의할 수 있는 권리가 없다는 내용도 포함되어 있습니다.[65] 이는 음악과 창조 산업 기반에 대한 확충을 제도화한 최초의 시도였습니다.

　오스틴은 도시 내 문화 산업을 육성하기 위해 문화 자원의 집적 정도와 실태를 파악하였습니다. 시 경제개발부$^{Economic Development Department}$에서는 도시의 창조 부문의 정책 수요 조사를 진행하였습니다. 도시 내 문화 자원이 어디에 얼마나 분포하고, 어떠한 특성이 있는지를 파악하기 위

---

65) 「지자체 콘텐츠 개입, 어떤 이유로도 안돼」, 『동아닷컴』, 2016.07.12.

해 맵핑 프로젝트도 진행하였습니다. 도시 내 예술인들을 적극적으로 돕기 위해 이들에 대한 실태를 명확히 하고 이 결과를 토대로 지원책을 수립하였습니다. 특히, "오스틴을 상상하다$^{\text{Imagine Austin}}$."의 일환으로 창조 경제 부문 개발은 시가 주도적으로 진행해 나가고 있습니다. 창조 부문의 혁신을 위한 도시 정책을 제안하고, 관련 프로젝트를 진행하였습니다. 더불어 도시는 "싱크이스트^{thinkEAST}" 프로젝트를 통해 예술인들의 주거 문제도 해결해 나갔습니다. 도시 내 새로운 부동산을 개발하게 될 경우, 음악과 미술 등 창조 부문의 공간을 필수적으로 마련하게끔 강제하는 정책이었습니다.

오스틴을 대표하는 다양성의 핵심인 예술, 특히 음악 부문은 도시 차원에서 수많은 투자가 이루어지고 있습니다. 악기 연주자들에게 저렴한 주거 서비스를 지원하고, 이들이 새로운 도전에 나설 수 있도록 다채로운 지원 메커니즘을 갖추었습니다. 그 실례로 시가지 남쪽 콜로라도강 기슭에 '그린워터 프로젝트'로 명명된 복합 건물을 조성하였고, 이는 도시의 다양성을 상징하게 되었습니다. 부티크 호텔과 주거, 오피스, 관공서, 그리고 음악 공연장을 통합하였습니다. 중요한 점은 이곳의 상가 우선 입점권을 오스틴의 전통 예술 종사자들에게 주었다는 점입니다.[66] 또한, 지역 교육 기관과의 협업을 통해 이들이 안정적인 생활을 영위할 수 있도록 지원하고 있습니다. 더 나은 기회를 제공하기 위해 공공장소에서 예술가들이 일정 시간 동안 연주할 수 있도록 도시에서 그들을 고용하고 있습니다. 이는 예술가들의 생계를 도시가 정책적으로, 더 나아가 전략적으로 지원하고 있음을 보여 줍니다.

---

[66] 「미국 오스틴, 히피 역동성이 꽃피운 첨단산업…불 밝힌 실리콘힐스」, 『매일경제』, 2015.04.29.

SXSW South by South West

　오스틴은 현대적인 도시 환경 속에서도 옛 문화유산을 유지·보존하면서 문화 예술에 대한 과감한 투자로 도시를 창조 공간으로 변화시켰습니다. 지속적인 도시 개발은 오스틴의 성장과 인기를 대변해 주고 있습니다. 도시의 최고 휴양 명소 중 하나인 레이디버드 호수를 비롯하여 도시 곳곳에 라이브 음악 무대와 유흥 공간들이 조성되면서 시가지는 더욱 활기를 얻게 되었습니다. 특히, 새로운 프로젝트로 주거 지역과 레스토랑, 고급 부티크를 비롯해 다양한 엔터테인먼트 요소가 만들어진 2번가 지역은 더욱 활기를 띱니다.

SXSW 공연 현장

　오스틴에서는 매년 10만 명 이상이 방문하는 세계 최대의 음악 축제인 SXSW South by South West가 열리고 있습니다. 사우스오스틴, 이스트 6번가, 오스틴 텍사스대학교 주변 등 도시 내 100개 이상의 장소에서 3천 개 이상의 예술 공연을 진행합니다. 작가, 음악가, 영화감독 등 젊은 예술가들이 참여해 서로 영감을 주고받으며 무한한 창조성을 발산합니다. 미국인들뿐만 아니라 전 세계 각지에서 온 방문객들로 도시의 열기는 밤낮으로 지속됩니다.

1987년 시작된 음악 축제였던 SXSW는 최근 IT 기술과 접목하여 새로운 부가 가치를 창출하고 있습니다. 인터랙티브 섹션은 IT 기술을 소개하고 시연하는 무대로 이용되고 있으며, 전 세계를 대표하는 소셜 미디어인 트위터 역시 2006년 SXSW에서 처음으로 선보였습니다. 트위터는 대형 텔레비전을 통해 관람객들의 느낌을 글로 남기도록 하는 방식으로 인기를 얻게 되었습니다. 이러한 방식은 사람들의 호기심을 자극하면서 성공 가도를 달릴 수 있게 되었습니다. 이처럼 SXSW는 IT 기술을 활용하여 참가자들에게 새로운 경험과 기술을 제공함으로써 혁신적인 가치를 창출하였습니다. 2010년대, '트위터^{twitter}', '핀터레스트^{Pinterest}', '게임 샐러드^{GameSalad}' 등과 같은 글로벌 소셜 네트워크 서비스의 성장을 이끌었습니다. 최근에는 시각 효과$^{컴퓨터\ 그래픽}$를 비롯해 증강 현실^{AR}과 가상 현실^{VR} 등 문화·기술 기반의 콘퍼런스를 이끌었습니다. 여러 세션에서 다양한 분야의 전문가들이 모여 자신이 만든 아이디어와 기술을 공유하였습니다. 이를 통해 도시는 새로운 혁신적인 기술이 함께 융합하여 수만 가지의 아이디어를 창출하였습니다. 2022년 SXSW에서는 NFT(대체불가토큰)와 웹3(Web3, 블록체인 기반 차세대 웹)가 콘퍼런스 이끌었습니다. 이때 도시는 관련 분야 전문가 60명 이상이 발표자로 참여하여 예술과 게임, 디지털 상품이 만나는 창조성의 실험 무대가 되었습니다.

이처럼 오스틴은 도시의 예술 문화와 창조 산업을 결합하여 새로운 부가 가치를 창출하고 있습니다. 그 중심에 세계 최대의 기술, 문화, 미디어 융합의 축제인 SXSW가 있습니다. SXSW, 예술가는 개성 넘치는 작품을 선보이고, 기업은 새로운 비즈니스 모델과 기술을 발굴하며, 도시는 다가올 미래를 대비하는 혁신의 무대로 발전하고 있습니다.

강한 협력적 시스템이 만든 클러스터

오스틴은 대학-기업-정부 등 행위자들 간의 강한 협력 시스템을 기반으로 하나 클러스터를 형성하여 도시의 혁신을 이끌어 낼 수 있었습니다. 대부분의 기업들이 독립적으로 운영되고, 정부와의 협력이 상대적으로 적은 실리콘 밸리와 달리 오스틴은 정부와 강력한 협력 시스템을 구축하여 안정적인 구조를 갖추었습니다. 이는 성공 확률이 매우 낮으며 우연성이 강한 실리콘 밸리보다 상대적으로 성공 확률이 매우 높은 특성을 보여 줍니다. 강한 협력적 시스템이 만든 오스틴의 클러스터는 대학-정부-기업의 상호 협력적인 기반을 형성하여 기업들의 연구 개발 및 혁신을 이끌었습니다. 연구와 벤처 중심의 대학을 기반으로 정부와 기업이 함께 연대하였습니다. 이는 첨단 기술 기업들을 도시에 유인하는 요인이 되었고, 이렇게 들어온 기업들은 또다시 도시에 혁신을 불어넣었습니다.

먼저 1983년 오스틴은 초소형 전자 및 컴퓨터 연구 개발 컨소시엄인

MCC$^{\text{Microelectronics and Computer Technology Corporation}}$67)를 유치함으로써 첨단 산업 도시로 변화시켜 나갈 수 있는 기회를 마련하였습니다. 1984년 도시 경제가 침체의 기로에 처한 상황에서도 오스틴은 대학과 기업들의 연구에 필요한 재원을 지원하였습니다. 그 결과 1985년에 들어서 약 30개의 첨단 기업이 도시에 자리 잡게 되었습니다. 특히, 1987년 미국이 반도체 산업에서의 국가 경쟁력 강화를 위해 설립한 첨단 산업 컨소시엄인 세마텍^{Sematech}의 유치는 오스틴의 산업 역량을 더욱 강화시키는 계기가 되었습니다.

앞서 언급했던 것처럼 1990년대 후반 '21세기 경제$^{\text{Next Century Economy}}$'라는 도시 전략을 추진하면서 오스틴은 첨단 산업 클러스터 구축 전략을 구체화하였습니다. 이는 첨단 산업을 집중 육성하면서도 사회, 환경, 문화 등의 분야와 함께 연계해 나갈 수 있도록 하였습니다. 미국 북동부 지역과 실리콘 밸리에 있던 컴퓨터와 반도체 관련 기업들이 오스틴으로 모여들면서 도시는 진정한 첨단 도시의 명성을 얻게 되었습니다.

2000년대 이후로 첨단 산업 클러스터는 더욱 강화되었습니다. 공공 부문뿐만 아니라 혁신적인 민간 기업의 성장이 두드러지면서 오스틴은 실리콘 밸리와 비견되는 클러스터가 되었습니다. 현재 오스틴 교육 지구와 미국 연방 정부, 텍사스주립대학, 오스틴 텍사스 대학, 델, 프리 스케일 반도체$^{\text{Freescale Semiconductor}}$, IBM, 세인트데이비드 파트너십, 시튼가족병원$^{\text{Seton Family of Hospitals}}$ 등이 도시 내 공공과 민간이 많은 사람을 고용하고 있습니다.

또한 오스틴은 청정 기술 부문을 이끄는 세계 최고의 혁신 허브입니

---

67) 1982년 미국의 주요 컴퓨터 및 반도체 기업이 공동으로 설립한 연구 개발 컨소시엄을 일컫습니다. 초기 20여 개사에서 시작하여 이후 전자, 통신, 우주 항공 등 기업이 참여하여 80여 개 사 이상이 되었습니다.

다. 도시가 청정에너지 분야에서도 세계 기술을 선도해 나갈 수 있었던 이유는 PSRI$^{Pecan\ Street\ Research\ Institute}$ 파트너십을 통해 혁신적인 기술을 개발하고 있기 때문입니다. 파트너십의 중심에는 시 정부가 있었고, 오스틴 에너지, 오스틴 상공 회의소, 환경 방위 기금, 그리고 오스틴 텍사스대학 등 산·학·연이 상호 협력하였습니다. 특히, 오일 가스 분야에서의 혁신 기술을 이끈 것은 오스틴 텍사스대학이었습니다. 대학은 청정에너지 분야의 세계적인 기술을 개발하고, 지금은 수많은 인재를 배출하고 있습니다. 생물 공학, 의료 기기, 진단, 제약 등 생명 과학 분야에서도 다국적 제약 및 바이오 기업과 대학이 공동 연구를 통해 혁신적인 연구 성과를 이루어 내고 있습니다.

첨단 산업의 메카 '실리콘 힐스'

전 세계를 대표하는 첨단 산업의 메카 오스틴, 이제는 실리콘 힐스$^{Silicon\ hills}$가 실리콘 밸리를 넘어섰습니다. 이미 오스틴은 반도체, 전자 연구 개발 및 제조 분야를 이끄는 선도적 위치에 서 있습니다. 창조적 인재들을 선호하는 세계적인 기업들이 오스틴에 진출한 것입니다. 3M, 애플, AMD, 델, 드롭박스, 삼성, 퀄컴, 이베이 등 첨단 기업만 4천여 개 이상이 터를 잡았습니다. 첨단 기업에서만 약 수십만 명이 근무하고, 매년 수백 억 달러 이상의 부가 가치를 올리고 있습니다. 여기에 창업 열풍도 가장 뜨거운 불고 있어, 도시 전체가 창조성의 실험 무대가 되었습니다.

오스틴은 음악, 영화, 게임, 시각 예술 등 창조 산업 분야에서 창출되는 경제적 부가 가치가 2015년 한 해 43억 5천만 달러에 달하며 일자리 4만 8백 개, 조세 수입만 7천 160달러를 창출하였습니다.[68] 특히 컴퓨터 및 비디오 게임 분야인 게임 개발 소프트웨어 회사만 무려 180여 개에 달하고 있습니다. 이 중 약 5천 명이 게임 개발 전문가이며, 약 1만 4천 명이 관련 사업에 참여하고 있습니다. [2015년 기준] 2009년에서 2019년까지 약 10년 동안 제조업 총고용이 27% 증가하였습니다. 전체 제조업 고용의 63%[약 4만 명]를 첨단 기술 제조업 분야가 차지할 정도로 도시는 양질의 일자리를 갖게 되었습니다. 1인당 국내 총생산을 보면 2000년에 4만 6천 달러에서, 2012년 이미 5만 달러를 넘어섰고, 2020년 6만 달러에 도달하였습니다.

2020년 발생한 코로나19 펜데믹 상황에서도 오스틴은 세계적인 기업들을 도시로 유인하였습니다. 벤처 캐피털 기업 8VC, 소프트웨어 기업 오라클 등이 실리콘 밸리에서 오스틴으로 이전하였고, 테슬라는 사이버 트럭 생산 기지 건설을 확정하였습니다. 세계적인 데이터 센터 기업인 디지털 리얼티도 샌프란시스코에서 오스틴으로 본사 이전을 결정했으며, 드롭박스와 스플런크 또한 이주 계획을 밝혔습니다.

세계적인 첨단 기업이 자리 잡으면서 AMD, IBM, 시스코[Cisco], 시티그룹[Citigroup], 델[Dell], 홈디포[Home Depot] 등도 오스틴에 데이터 센터를 세웠습니다. 저렴한 전기 요금과 우수한 경제 인프라, 그리고 선밸리 내에서 상대적으로 허리케인, 지진 등 피해가 미미한 것도 이를 유인할 수 있는 요인이 되었습니다.

또한, 청정에너지 분야에 약 200개의 기업이 자리를 잡았고, 여기에 약 2만여 명의 근로자가 종사하는 등 세계적 인프라와 인재를 보유하고

---

68) 「미국 오스틴, 히피 역동성이 꽃피운 첨단산업⋯불 밝힌 실리콘힐스」, 『매일경제』, 2015.04.29.

있습니다. 스마트 그리드, 태양광 인버터 기술, 전기차 배터리, 풍력 터빈, 바이오 연료, 전기 자동차, 녹색 빌딩, 전력 시스템 등 미래 에너지와 관련된 기술 혁명을 이끌어 가고 있습니다. 생명 과학 분야에서는 애봇 Abbott Laboratories, 교세라 메디칼 테크놀로지 Kyocera Medical Technologies, 엑스바이오테크 Xbiotech, 그리폴스 Grifols, 앨러간 Allergan 등 약 240개 기업에, 약 1만 5천 명이 종사하고 있습니다.

오스틴의 창조적 교육 시스템, 오스틴 텍사스대학교

오스틴은 창조적인 인적 자원을 생산하는 교육 시스템을 구현하고, 창조 계층을 위한 환경을 조성해 나갔습니다. 오스틴 교육구 Austin Independent School District를 중심으로 양질의 교육 시스템을 운영하면서 도시는 매해 진행되고 있는 교육 평가에서 우수한 평가를 받았습니다.

오스틴은 학사 학위 이상이 약 46%로, 미국 평균 약 33%[2020년 기준]에 비해 월등히 높은 수준을 보입니다. 도시에서 배출된 인재들이 다른 도시로 떠나기보다는 취업 여건이 좋은 도시에 남아 활력을 불어넣습니다. 그 원동력은 오스틴텍사스대학교를 비롯해 세인드 에드워드대학 St. Edward's University, 휴스턴-틸로순대학 Huston-Tillotson University, 오스틴커뮤니티대학 Austin Community College, 콘코디아대학 Concordia University, 악톤비즈니스스쿨 the Acton School of Business, 텍사스건강과학대학 Texas Health and Science University, 버지니아대학의 오스틴 캠퍼스 Virginia College's Austin Campus, 오스틴아트연구소 The Art Institute of

^Austin 등 글로벌 대학에 있습니다.

먼저 1881년에 설립된 오스틴텍사스대학^University of Texas at Austin, 약자로 'UT'로 표현은 도시의 새로운 도약을 이끈 창조 권력의 산실입니다. 100여 개가 넘는 학부와 170여 개에 달하는 석·박사 과정에 약 5만 명의 재학생과 약 2만 4천 명의 교직원이 활동하고 있습니다. 거대한 대학 도시를 방불케 할 정도로 기업, 관공서, 기타 방문객까지 포함하면 무려 10만 명에 달하는 사람들이 대학과 연계되어 있습니다. US News & World Report 글로벌 대학, 타임즈 고등 교육 세계 대학, QS 세계 대학 등 각종 대학 평가에서 매해 30위권에 들 정도로 유명한 글로벌 대학입니다.

린든 베인스 존슨 도서관과 박물관^Lyndon Baines Johnson Library and Museum, 블랜톤박물관^Blanton Museum of Art 등의 박물관과 20여 개의 도서관, 연구 시설, 천문대 등을 운영하고 있습니다. 대학 성장 초창기부터 경영대학과 공과대학을 중심으로 노벨상, 퓰리처상, 늑대상, 에미상, 국가과학메달 등 최고 권위의 수상자 등을 교수진으로 유치하고 있습니다. 이렇게 화려한 교수진은 우수한 인재들이 대학을 찾아오게끔 하고 있습니다.

오스틴텍사스대학교

오스틴 텍사스대학은 기술 및 공학, 물리학, 컴퓨터 분야 등에서 세계를 선도하는 연구 기관입니다. 바이오 연료, 태양 전지 기술 등 청정에너지 분야에 대한 연구와 생물학, 의공학, 신경 과학 등과 관련된 의료 건강 분야의 연구도 진행하고 있습니다. 이를 통해 매해 300여 개 이상의 특허를 창출하고, 라이선스 계약을 체결하고 있습니다. 연구 활동을 위한 보조금이나 기금은 MCC 유치 이후 주 정부의 주도로 적극적으로 지원받고 있습니다.

또한 대학은 인재들이 자유롭게 아이디어를 내고 창업 활동을 전개해 나갈 수 있도록 지원하고 있습니다. 특히, 2008년부터 매년 3일간 진행된 창업 지원 프로그램 '3Day Startup[3DS]'을 통해 5천억 달러 이상의 투자금을 유치하고 백여 개의 아이디어가 창업에 성공했습니다. 대학의 창업 지원 프로그램과 연구 개발 능력은 기업가나 인재들에게 기업 경영 기술과 기술 상업화 노하우를 교육하는 데 창조적 기반이 되었습니다. 이를 통해 도시에 배출한 첨단 기업 기업만 해도 약 50%에 달합니다. 이렇게 성장한 기업은 대학과의 유대 관계를 통해 새로운 기업을 성장을 이끌었습니다.

이처럼 오스틴 텍사스대학의 창업 지원 프로그램과 연구 개발 능력은 지역 사회와 산업 발전에 혁신적인 토대가 되었습니다. 대학은 창조적 인재들의 자유로운 연구와 아이디어가 창업으로 이어질 수 있도록 다양한 프로그램을 운영하고 지원하면서 창업을 이끌었습니다. 지금도 지역 기업가나 기업 관련 종사자들은 대학에서 제공하는 교육을 통해 기업 경영 기술과 기술 상업화의 노하우를 습득하며, 대학의 연구 활동 지원을 통해 뛰어난 기술을 활용하고 발전시키고 있습니다. 대학에서 배출한 젊은 인재들은 도시를 떠나지 않고 도시에 남아 창조적 기업 내에서 근무를 하거나 창업 활동을 통해 도시에 혁신을 불어넣고 있습니다.

지속 가능한 창조 계층

1998년, '21세기 경제 Next Century Economy'라는 신경제 정책은 창조 인재의 중요성에 대한 오스틴의 인식을 보여 주는 대표적 사례입니다.

환경을 청정하면서도 효과적으로 관리하는 것과 모든 주민에게 일자리 기회를 제공하는 것은 지역 사회의 중요한 목표다. 그러나 오스틴의 경제 상황을 고려했을 때, 사회·환경적 이슈들은 다음의 두 가지 측면에서 중요하다. 사회·환경적 이슈들은 지역 경쟁력을 장기적으로 유지하기 위해서 필수적인 투입 요소이다. 만약 오스틴의 기술 지향적인 경제가 쇠퇴하게 되면, 기술 분야에서 만성적인 노동력 부족 문제에 직면하게 될 것이다. (……) 마찬가지로, 오스틴이 숙련된 노동력을 유지하고 다른 지역으로부터 숙련된 노동력을 지속적으로 유치하기 위해서는, 보다 많은 임금을 주어야만 할 것이다. 그러나 보다 많은 임금을 주는 것은 다른 지역에서도 얼마든지 할 수 있는 일이다. 따라서 관건은 오스틴 지역의 삶의 질을 높이는 것이다. 이를 위해서 깨끗한 환경, 다양한 레크리에이션 기회, 문화적 어메니티가 확보되어야 한다. (……) 오스틴이 지속적으로 성장·발전하기 위해서는 오스틴이 가지고 있는 모든 자산을 최대한 활용해야만 할 것이다. 이것은 이 지역 노동자의 능력 및 삶의 질과 같이 오늘날 오스틴의 경제를 만든 자산들이 새로운 투자를 이끌어 내는 기폭제가 된다는 사실을 의미한다.(리처드 플로리다, 이원호 외 역, 2008)

플로리다가 진단했던 오스틴의 창조 인재 부족 문제는 여전히 해결되지 않는 숙제입니다. 그런데 이는 타 도시의 입장에서 보면 부러운 부분입니다. 오스틴은 창조 인재를 유인할 수 있는 근무 및 생활 여건을 조성하면서 도시의 지속 가능성을 높여 나갈 수 있었습니다. 2014년 한 해만 해도 오스틴은 도시 내 약 3만 9천 개, 2015년과 2016년에는 약 6만 9천 개의 신규 일자리가 새로 창출되었습니다. 일자리는 대부분 레저, 호텔, 소매업, 교육, 건강, 건설, 재무 분야의 전문 직종이었습니다.[69]

2019년부터 진행된 코로나19와 2022년 시작된 세계 경제 침체를 경험하면서도 도시의 기술 지향적인 경제는 쇠퇴하지 않고 오히려 도시가

---

69) 「샌호세 '가장 일하기 좋은 도시' 선정」, 『중앙일보』, 2016.05.19.

더욱 성장해 가면서도 질 좋은 일자리가 지속적으로 제공되었기 때문입니다. 더불어 창조 계층이 선호하는 다양한 레크리에이션 기회와 문화적 어메니티를 제공하면서 도시의 삶의 질을 높였기 때문입니다.

2020년대 도시는 세계 반도체 사업의 격전지가 되었습니다. 삼성전자, TSMC, 인텔 등이 오스틴을 중심으로 텍사스 일대에서 사업 규모를 확대해 나가고 있기 때문입니다. 이는 오스틴의 기업 환경이 젊은 인재들을 유입시키기에 훌륭한 조건을 갖추고 있으면서 동시에 도시 내 풍부한 인재들이 있어 기업하기에 좋은 환경을 갖추고 있기 때문이기도 합니다. 반도체 사업에서만 약 2만 7천 명의 신규 일자리가 창출되면서 기업의 인재 유치 경쟁은 더욱 치열해지고 있습니다. 이처럼 오스틴은 창조 인재들이 도시에서 새로운 경험을 얻고, 성공적인 경력을 쌓을 수 있도록 기회를 제공하면서 도시의 지속 가능성을 높여 나가고 있습니다.

보수적인 텍사스주, 진보적인 오스틴시

오스틴은 다양성을 인정하는 사회 풍토가 조성되어 있습니다. 보수적인 색채가 강한 텍사스주에서 오스틴은 이와 정반대의 모습을 보입니다. 즉, 오스틴은 인종이나 민족, 성 소수자에 대한 다양성을 인정하는 꽤나 진보적인 도시입니다.

2020년 미국 인구 조사에 따르면 오스틴의 인종 구성은 백인 72.6%[비히스패닉 백인 48.3%], 히스패닉 또는 라틴계 33.9%, 아프리카계 미국인 7.8%, 아시아인 7.6%, 아메리칸 인디언 0.7%, 기타 0.1%로 2개 이상의 인종에서

3.4%[70]의 민족 구성을 보여 줍니다. 최근 들어서는 비#히스패닉과 아시아인들이 빠르게 증가하면서 다양한 인종과 민족 구성을 보여 주고 있습니다.

표. 오스틴의 시기별 인종 구성

인종	2020	2010	1990	1970	1950
백인(White, Non-Hispanic)	47.1%	48.7%	56.4%	61.7%	73.4%
흑인 또는 아프리카계 미국인 (Black or African American)	32.5%	35.1%	28.2%	23.0%	14.5%
히스패닉 또는 라티노 (Hispanic or Latino)	6.9%	7.7%	9.3%	12.4%	11.8%
아시안(Asian)	8.9%	6.2%	4.5%	3.0%	0.2%

출처: U.S. Census Bureau 웹사이트

2014년 텍사스대학의 연구에 따르면 오스틴은 2000년과 2010년 사이 아프리카계 미국인의 감소가 두드러졌던 유일한 도시입니다.[71] 2014년 오스틴의 아프리카계 미국인과 비히스패닉 백인은 절대 인구의 증가에도 불구하고 그 비중은 감소하였습니다. 비히스패닉 백인 인구의 비중은 2005년 처음으로 50% 이하로 떨어지게 되었습니다. 히스패닉과 아시안 인구의 빠른 성장률은 다른 인종 그룹을 앞지르게 된 것입니다.

미국 여론조사기관인 갤럽[2012년 기준72] 조사에 의하면, 오스틴 주민의

---

70) "Austin (city), Texas", U.S. Census Bureau 웹사이트(http://www.census.gov/), 2017.12.28.

71) Donahue, Emily and David Brown. "Austin's the Only Fast-Growing City in the Country Losing African-Americans". KUT. Moody College of Communication at the University of Texas at Austin, 2014.05.16.

72) 미국 50대 대도시 권역에 사는 주민을 대상으로 2012년 6월과 2014년 12월 사이의 일일 추적 조사 분석 결과다. 실리콘밸리 지역의 최대 도시인 새너제이는 3.2%로 LGBT 비율이 낮은 수준을 보이는 것은 LGBT 성향의 사람들이 인근 샌프란시스코에 사는 경우가 많기 때문으로 보고 있다. (「미국 도시민 3.6% 성소수자…샌프란시스코 6.2% 최고」, 『연합뉴스』, 2015.03.22.)

LGBT^{Lesbian, Gay, Bisexual, or Transgender}, 즉 레즈비언, 게이, 양성애자, 트랜스젠더 등의 인구는 약 4만 8천 명으로 전체 인구의 약 5.3%를 보이고 있습니다. 이는 미국 내에서 세 번째로 높은 비율로 오스틴의 높은 관용도를 보여 줍니다.

또한, 모든 성별을 위한 화장실도 등장하였습니다. 오스틴은 시애틀·버클리·산타페·필라델피아 등과 함께 성 소수자를 위한 화장실을 마련하도록 하는 입법안도 통과되었습니다.[73] 미국에서도 일부 기관에서만 설치되어 있는 성 중립 화장실^{Gender-neutral bathroom}은 '모두를 위한 화장실'의 혁신적인 실험이자 인권 확장의 작은 실천이 되었습니다.

오스틴 프라이드^{Austin Pride}

---

[73] '중성(gender-neutral)'의 화장실은 뉴욕 휘트니 미술관, 워싱턴 백악관 행정동인 아이젠하워 건물, 일부 대학 건물에서 만들어졌다. (「백악관에도 '中性화장실' 목소리 커지는 性소수자」, 『문화일보』, 2015.11.13.

도시는 게이&레즈비언 프라이드 재단 Austin Gay and Lesbian Pride Foundation을 통해 레즈비언, 게이, 양성애자, 트랜스젠더 등의 성 소수자를 지역 사회에 연결하고 있습니다. 오스틴 시내에서 레인보우 축제 퍼레이드를 진행하고 축제의 수익금은 지역 비영리 단체에 지원하고 있습니다.[74] 또한, 비영리단체인 폴라리Polari는 공공 기관 및 지역 단체들과 협력해 성 소수자들의 창작 무대인 LGBT 영화제를 열었습니다. 창의적이고 혁신적인 프로그램을 운영하면서 성 소수자와 시민들이 함께 참여하는 열린 무대를 조성해 나가고 있습니다. 축제와 영화제 등 다양한 문화 행사를 통해 성 소수자들은 창조적인 아이디어를 발산하는 기회를 마련하고, 시민들은 이들과 서로 어우러지면서 공동체로서 인식을 더욱 강화하게 되었습니다. 이처럼 도시는 인종 및 성 소수자에 대한 다양성과 가치를 인정하는 관용을 기반으로 이들이 창조적 아이디어를 자유롭게 펼쳐 나갈 수 있도록 지원하며, 도시의 창조성을 키워 나가고 있습니다.

---

74) "Austin-Gay-and-Lesbian-Pride-Foundation", AGLOC 웹사이트(http://www.aglcc.org/), 2017.12.28.

생태 도시 전략과 뮬러 커뮤니티

녹지 속에 펼쳐지는 오스틴의 스카이라인

콜로라도강 유역에 자리 잡고 있는 오스틴은 도시 내 시민들이 산책을 하고 레크리에이션을 즐길 수 있는 거대한 인공 호수를 끼고 있습니다. 도심 곳곳에 여러 공원과 녹지가 있으며, 보행로와 자전거 전용 도로를 갖추고 있는 환경 친화적인 도시입니다.

하지만 그 이전까지만 하더라도 오스틴은 미국 내에서 가장 빠르게 경제가 성장하는 과정에서 생태계 파괴와 환경 오염 문제를 경험했습니다. 이로 인해 일찍부터 오스틴은 친환경 도시로의 변화를 위해 생태 도시 전략을 추진하였습니다.

생태 도시로의 전환은 오스틴이 지향하는 건강한 도시의 시발점이 되었습니다. 도시 내 녹지를 확충·보존하고, 자전거 이용을 확대시키기 위한 초록 레인 프로젝트를 추진하였습니다. 시민들의 보행 접근성을 강화하기 위해 지역 단위 경제를 활성화하는 정책을 수립하였습니다. 보행 접근성 및 연결성 확보를 위해 5에이커 이상의 부지는 작은 단위로 나누어 개발하도록 하였습니다. 보행 및 자전거로 인한 사고도 줄여 나가기 위해 테스크 포스를 설치하고, 문제 상황들을 지속적으로 모니터링하여 안전도를 높여 나갔습니다. 도시는 시민들을 보다 더 활동적으로 만들어 건강한 삶을 살아갈 수 있도록 돕고, 더불어 도시 내에서 발생하는 열섬 현상을 완화시키며 탄소 배출도 줄여 나갔습니다.

특히, 오스틴시의 도심 지역에서 동쪽으로 약 3마일 떨어진 지역에 위치한 뮬러 커뮤니티Muller Community는 생태 도시로서 오스틴의 지향하는 바를 구체적으로 보여 줍니다. 지속 가능한 도시 계획을 배경으로 성립된 뮬러 커뮤니티는 마을을 조성함에 있어서 생태 환경, 보행로 조성, 보건 환경 등 여러 측면에서 요소들을 심도 있게 고려하여 배치하였습니다. 커뮤니티 곳곳에 예술 작품을 설치하고 배치하여 문화적 측면도 살려 내었습니다. 지속 가능한 에너지, 수자원, 건강한 공기, 자연환경, 공동체, 교통, 재활용 그리고 적극적인 지속 가능성 실천 등의 원칙이 기본 바탕이 되었습니다. 공원과 녹지가 커뮤니티 중앙에 배치되었고, 호수 공원과 공원 녹지, 산책 및 자전거 도로, 완충 녹지가 체계적으로 조성되었습니다. 지역 내 재생 에너지를 사용하는 가정용 태양광 시스템, 재활용 가능한 쓰레기 수거 프로그램, 지속 가능한 건축 기술, 자동차 공유 시스템 등 다양한 지속 가능한 시스템을 갖추었습니다. 커뮤니티 내에서 연간 수많은 일자리가 새로 만들어지고 유지되면서 경제의 지속 가능성도 함께 이끌어 내었습니다. 이처럼 건강한 생활 환경을 조성하면서도, 지속 가능한 경제 성장과 일자리 창출하여 시민들의 삶의 질을 높일 수 있다는 친환경 도시의 모델을 뮬러 커뮤니티에서 보여 주었습니다.

비전 제로의 스마트 도시

2016년 오스틴은 세계 최대의 스마트 도시 컨퍼런스인 '스마트 시티 이노베이션 서밋'을 개최하였습니다. 30개국에서 200여 개 도시와 기업들이 참여하여 미래 스마트 도시 관련 기술을 선보였습니다. 도시는 같은 해 미국에서 열린 스마트 도시 챌린지 최종 결선 7개 도시에 선정되어 6천 5백만 달러를 지원받았습니다. 도시는 사물 인터넷^{IoT}을 활용해 서로 다른 유틸리티를 연결하고 데이터를 공유하여 일상에서 유발되는 교통, 환경, 안전 등의 문제를 해결해 나갔습니다.

스마트 도시를 추진하기 위한 전략을 살펴보면 먼저, 스마트 모빌리티$^{Smart\ Mobility}$를 기본 전략으로 추진하였습니다. 택시, 화물차, 자율 주행차 등을 한곳에서 이용할 수 있도록 스마트 정거장과 공항에서 도심까지 자율 주행 셔틀을 도입해 접근성을 개선하였습니다. 스마트 가로등과 스마트 주차 등을 도입하였고, 환승역에 스마트 키오스크를 설치하여 지도와 길 찾기 등의 서비스를 제공하였습니다. 더 나아가 교통사고로 인한 사망자 및 중상자 발생을 근절하는 '비전 제로$^{Vision\ Zero}$' 목표도 함께 수립하였습니다. 도로 간의 교차로에 설치된 사물 인터넷^{IoT} 장비를 활용해 예측 능력과 결과를 개선시켜 나가는 가속화 스마트 프로젝트를 진행하였습니다. 차량 수를 계산하고 주행 방향의 오류 발생 빈도 등의 교통 관련 데이터를 축적하여 패턴을 분석함으로써 교통 상황에 적절한 실시간 정보를 제공하였습니다. 1인 탑승 통근 차량으로 인한 교통 체증과 환경 오염을 줄이기 위해 직원들이 함께 출퇴근하도록 시스템을 구축하였습니다.

오스틴은 스마트 도시 프로젝트를 위해 CityUP^{ACUP}이라는 컨소시엄도 구성하였습니다. AT&T, 시스코^{CISCO}, 인텔^{Intel}, IBM, 버라이존^{Verizon}, 아마존웹서비스$^{Amazon\ web\ services}$, 오스틴에너지$^{Austin\ Energy}$ 등이 구성원으로 활동하며 정부와 민간, 비영리 단체 간의 협력을 위한 플랫폼을 제공하였습니다. 이를 기반으로 도시는 보건, 교통, 안전, 주거, 인재 양성, 환경, 에너지 등 다양한 분야의 스마트 도시 인프라를 조성하였습니다. 또한 원격 의료 서비스를 도입하여 주민들의 건강한 삶을 돕고, 장애인을 위한 실시간 정보 확인 서비스도 제공하였습니다. 도심의 오피스 개발에 따른 중·저소득자를 위한 어포더블 하우징$^{Affordable\ Housing}$을 통해 선호도별 주택 목록을 제공하고 최적의 주택을 공급하기도 하였습니다. 여기에 보행자의 이동과 교통, 소음과 대기 오염 등의 데이터를 수집하고 분석하는 SAIL$^{Smart\ Austin\ Innovation\ Lab}$을 활용해 주민들의 삶의 질을 개선해 나가고 있습니다.

이처럼 오스틴은 적극적으로 스마트 기술을 도입하여 도시 문제를 진단하고 혁신적인 전략과 프로그램을 추진해 나가고 있습니다. 특히, 오스틴은 도시에 세계적인 첨단 기업이 입지하면서 사물 인터넷, 인공 지능, 빅 데이터 등과 같은 첨단 기술을 활용하여 혁신적인 제품과 서비스를 개발하고 적용할 수 있는 최적의 스마트 도시 환경을 갖추고 있습니다. 이러한 인프라는 첨단 기업들이 혁신적인 서비스와 솔루션을 개발하고 제공할 수 있는 토대가 되었습니다. 도시와 기업의 상호 협력 속에서 첨단 기업들은 시장에서 경쟁력을 향상시켜 나갈 수 있었고, 오스틴은 시민들의 삶의 질을 높여 나갈 수 있었습니다.

축제와 문화로 꽃피운
지속 가능한 관광

오스틴은 지역 축제 및 스포츠 행사를 통한 창조 관광의 육성과 국제 행사 유치를 통해 도시의 지속 가능성을 높여 나가고 있습니다. 앞서 설명했던 SXSW는 창작자, 기업, 예술가, 미디어 전문가 등을 한 자리에 모으며 매해 수십만 명의 방문객을 유인합니다. 또한 다양한 장르의 음악 공연과 음악 비즈니스 관련 이벤트가 열리며, 독립 영화 상영과 토론, 워크숍 등 교류의 장이 마련됩니다. 최신 기술 동향과 디지털 서비스에 대한 아이디어를 공유하고 협업하며 창의성을 공유하고 협력할 수 있는 무대이기에 전 세계인을 유인하고 있습니다.

이 외에도 오스틴에서는 다채로운 문화 예술 축제가 열립니다. 오스틴 프라이드^{Austin Gay Pride}, 동오스틴 스튜디오 투어^{East Austin Studio Tour}, 브라질인 카니발^{Carnaval Brasileiro}, 피칸 거리 축제^{Pecan Street Festival}, 할로윈 밤^{Halloween night}이 매해 개최됩니다. O. 헨리 Pun-Off, 스파마라마^{Spamarama}, 오스틴 레게 축제^{the Austin Reggae Festival}, 연날리기 축제^{Kite Festival}, 텍사스 공예 브루어스 축제^{Texas Craft Brewers Festival} 등이 오스틴을 축제의 무대로 만듭니다. 거리 곳곳에서는 독특한 거리 예술 작품들을 감상할 수 있고, 라이브 공연도 즐길 수도 있습니다. 여기에 바비큐, 햄버거, 피자, 타코 등 오스틴만의 풍미도 함께 즐길 수 있어 방문객들의 만족도는 매우 높습니다.

오스틴 마라톤

　또한 오스틴은 스포츠의 도시이기도 합니다. 사실, 2021년 오스틴 FC가 MLS로 진출하기 전까지 오스틴은 메이저리그급의 스포츠 팀은 없었습니다. 하지만 야구, 마라톤, 테니스, 수영 등 다양한 스포츠 클럽이 운영되어 왔습니다. 가장 인기 있는 스포츠 행사는 오스틴 마라톤과 포뮬러 1입니다. 1992년 이후 매해 개최되고 있는 오스틴 마라톤은 5km, 하프 마라톤, 풀마라톤 경기가 진행됩니다. 세계 유명 선수들뿐만 아니라 시민들과 방문객들이 함께 참여하는 축제의 장으로 다양한 이벤트와 지역 사회를 돕기 위한 기금 행사가 펼쳐집니다. 가족 친화적인 자원봉사 활동을 비롯해 다양한 분야에서 시민 참여가 이루어지며, 세계적인 기업들의 마케팅 무대도 펼쳐집니다.

　포뮬러 1 역시 오스틴을 대표하는 스포츠입니다. 포뮬러 1 경기가 열리는 레이싱 시설인 미주 서킷[COTA]이 오스틴에 있습니다. 미국 그랑프리는 2012년부터 시작해 현재까지 매해 진행되고 있으며, 이는 오스틴의 가장 큰 스포츠 행사 중 하나로 자리 잡았습니다. 공항에서 호텔, 시가지에 이르기까지 세계 라이브 음악의 수도에서 이제는 포뮬러 원의 본고장으로 변모하고 있습니다. 이미 그랑프리 관중은 2021년 경기가 열린 주말 기준 40만 명을 돌파했습니다.

여기에 오스틴은 개별 예술가에서 광범위한 예술 단체에 이르기까지 풍부하고 다양한 문화 생태계를 구축하면서 2015년 유네스코 창의 도시 네트워크^{UNESCO Creative Cities Network}의 미디어 아트 분야 창의 도시로 선정되었습니다. 이는 음악, 영화, 게임 및 여러 분야의 디지털 경험을 포함한 산업에서 혁신과 리더십을 인정받은 것으로, 미디어 아트 분야를 더욱 육성해 나갈 수 있게 되었습니다.

이처럼 오스틴은 세계적인 규모의 국제 행사들을 유치하고 지원함으로서 도시를 홍보하고 지역 경제의 발전에 기여하고 있습니다. 더 나아가 도시는 예술, 음악 및 디지털 기술의 교차점에서 유행을 선도하는 도시로서 세계 여러 도시와 협력해 나가고 있습니다.

결론: 오스틴의 지속 가능성 평가

오스틴은 지역 사회의 강력한 연대를 바탕으로 첨단 산업을 육성하고 창조 계층을 유인해 혁신이 넘치는 도시를 변화시켜 가면서 지속 가능한 도시로의 성장을 이끌었습니다. 시와 주민·예술가의 강력한 연대와 협력적 거버넌스, 첨단 산업 클러스터를 통한 창조 환경 육성, 지역 대학의 우수한 인재 배출 및 연구 활동, 문화유산의 보존 및 도시 재생을 통한 문화 공간 조성, 다양성을 존중하는 관용적 도시 풍토, 다양한 지역 축제 및 행사를 통한 창조 관광의 육성 등을 통해 도시의 미래를 준비하였습니다. 오스틴이 미래 도시의 모델로 선도적 위치에 설 수 있었던 배경과 전략, 실천 등을 정리해 보면 다음과 같습니다.

첫째, 오스틴은 도시 경제의 위기 상황에서 지역 사회의 강력한 연대를 바탕으로 첨단 산업 도시로의 변화를 이끌어 낼 수 있었습니다. 연방 정부, 주 정부, 지방 정부의 협력적 토대를 위에 오스틴 상공 회의소의 주도로 전략을 수립하여 첨단 산업 도시로의 환경을 조성하고 연구 활동을 지원하였습니다. 경제개발부서를 두고 기업들의 유입을 촉진하여 MCC와 세마텍 Sematech를 유치시켰습니다.

또한, 도시를 재편하기 위해 시 의회를 중심으로 창조 산업과 문화 예술 중심의 프로젝트를 적극적으로 추진해 나가면서 도시에 활력을 불어넣었습니다. 그 결과, 포브스가 발표한 '2014년 미국에서 가장 멋진 도시'[75])에서 오스틴은 워싱턴 D.C.와 시애틀에 이어 3위에 올랐습니다. 2019년 US 뉴스가 선정한 살기 좋은 도시 1위, 2019년 ULI가 선정한 부동산 투자하기 좋은 시장 1위, 2020년 월스트리트 저널에서 선정한 미국의 최고 취업 시장 1위, 2020년 Inc.가 선정한 창업하기 좋은 도시 1위, 2020년 월렛허브가 선정한 살기 좋은 주도 1위로 선정되는 등 삶의 질이 높은 도시로 변화되었습니다.[76] '이상한 대로 오스틴을 두라.$^{Keep\ Austin\ Weird.}$'라는 슬로건은 도시가 다양성을 인정하는 가운데 개개인의 창조적 사고를 이끌어 내는 데 노력하고 있음을 보여 줍니다. 오스틴 다양성의 핵심인 음악 부분에 대한 투자를 이끌고 음악가들의 공연과 생활을 위한 '오스틴 음악과 창의 산업 생태계에 관한 일괄 결의안'을 통과시킴으로서 세계적인 문화 창조 도시로의 변화를 이끌어 내었습니다. ^{Im}agine ^{Au}stin의 일환으로 창조 경제 부문 우선 시책 과제$^{Creative\ Economic\ Priority\ Program}$의 실천 및 싱크이스트^{thinkEAST} 등 프로젝트를 통해 창조 산업의 역량을 높이고, 기회를 제공하고 있습니다.

둘째, 오스틴은 도시에 다양한 문화 예술 공간을 조성하고 다채로운 문화 행사를 개최해 나가면서 도시에 창조성을 불어넣었습니다. 플로리다[2008]는 오스틴이 성공한 이유를 '인재를 유치하기 위해 하이테크 산업 육성에만 관심을 가진 것이 아니라 도시민의 어메니티를 조성하는 데 노력하였다'고 설명하였습니다. 스티브 존스[2013]는 세계전략포럼에서

---

75) 휴일에 방문할 수 있는 동물원, 프로 스포츠 경기장, 골프장, 스키장, 국립 공원 등 여가 공간의 수와 문화·예술 공연장과 박물관 수를 인구 대비 지수로 환산하여 각각의 순위를 파악하였습니다. 또한 문화의 다양성, 식당의 수, 세련된 삶을 추구하는 20-34세 연령층의 비율, 새로 전입한 이주자 비율 등을 포함하였습니다.
76) 美 텍사스의 실리콘힐스, 오스틴이 뜬다. 코트라 해외시장 뉴스(https://dream.kotra.or.kr), 2021.01.19. 기사

"작은 도시면서도 많은 창의력과 혁신이나 벤처 기업을 키운 소도시가 있다. 미국 텍사스 오스틴이 그런 도시다. 하지만 오스틴은 소도시라고 하더라도 음악이 많이 발전한 도시다. 사무실도 뮤직 쇼를 보기 위해서 근처에 만든다고 한다. 음악 쇼를 보고 피드백 교환할 수 있도록 사람들이 많이 모인다."[77]라고 소개하였습니다. 두 사람 모두 오스틴의 창조성이 인재와 기업에만 있는 것이 아니라 문화 예술 분야의 창조적 환경과 무대에 있다고 설명하였습니다.

오스틴이 문화 예술이 도시에 창조성을 불어넣는다고 보고, 시청을 중심으로 휴양 명소 및 라이브 음악, 박물관, 레스토랑 등을 조성하였습니다. 이를 기반으로 연중 다채로운 문화 예술 행사를 개최하면서 도시의 활력을 높여 나갈 수 있었습니다. 특히, 세계적인 축제로 SXSW$^{South\ by\ South\ West}$는 예술, 기술, 비즈니스의 융합을 통해 도시의 혁신을 이끌었습니다. 예술가들이 독창적인 작품을 선보이고, 기업들이 혁신적인 아이디어와 기술을 발표함으로써 새로운 가치를 창출하였습니다. 오스틴의 문화 예술의 힘은 단순히 도시의 문화 역량만을 높여 가는 것이 아니라 첨단 기술과 만나 상호 작용을 촉진하며, 도시의 미래 비전을 제시해 나가고 있습니다.

셋째, 오스틴은 대학-정부-기업의 협력적 모델을 기반으로 클러스터를 조성해 나가면서 첨단 산업 도시로 변화를 이끌어 낼 수 있었습니다. 연구와 벤처 중심의 대학을 기반으로 정부와 기업이 함께 연대하였습니다. 그 시작은 1983년 초소형 전자 및 컴퓨터 연구 개발 컨소시엄 'MCC'와 1987년 첨단 산업 컨소시엄인 세마텍^{Sematech}의 유치에 있었습

---

77) 「WSF2013」 스티븐 존슨 "공공기관 지방 이전, 효과내기 어려워"」, 『이데일리』, 2013.06.12.

니다. 이를 계기로 첨단 산업 분야에 대한 정책적이고 경제적인 지원이 가능하게 되면서 첨단 도시로 성장을 이루어 낼 수 있었습니다. 1990년대 후반부터 컴퓨터와 반도체 관련 기업들이 도시로 집적되면서 첨단 산업 클러스터는 더욱 강화되었습니다. 대학-정부-기업의 상호 협력적인 기반은 기업들의 연구 개발 및 혁신을 이끌었습니다. 이는 첨단 기술 기업들을 도시에 유인하는 요인이 되었고, 이렇게 들어온 기업들은 또다시 도시에 혁신을 불어넣었습니다.

넷째, 오스틴은 오스틴 텍사스대학을 중심으로 창조적인 인재를 양성하고 창업 기반을 조성하여 도시의 지속적인 혁신을 이끌어 내었습니다. 학사 학위 소유자 이상이 43%, 석사 학위 이상이 16%일 정도로 도시는 고학력의 인재들이 풍부합니다. 도시의 인재들은 도시의 오스틴 텍사스대학을 비롯한 지역 내 대학에서 배출되고 있습니다. 또한 이미 도시 내에 창조적 환경이 마련되어 있기에 지역 내에서 배출한 인재들은 도시를 떠나지 않고 남아, 도시 성장에 기여하고 있습니다. 약 5만 명의 학부생과 대학원생을 두고 있는 오스틴 텍사스대학은 기술 및 공학, 컴퓨터 분야의 선두 주자이기도 하며, 에너지, 의료 분야에서도 세계적인 연구 기관입니다. 대학 내에서 창업 지원을 통해 다양한 스타트업의 탄생지가 되었고, 여러 기업과의 협력 속에서 창조성의 실험 무대가 되었습니다.

다섯째, 오스틴은 다양성을 인정하는 사회적 풍토 속에 다채로운 지역 축제와 문화 행사를 진행하면서 도시 문화의 창조성을 이끌어 내었습니다. 인종이나 민족, 성 소수자들에 대한 관용도가 매우 높은 도시로 이들의 인구 비율이 높게 나타납니다. 특히 미국 내에서 세 번째로 높은 LGBT의 비율을 보이고 있으며, 레인보우 축제 및 이들을 위한 비영리 단체를 지원하고 있습니다. 이런 관용적인 사회 분위기는 도시 문화의 다양성에 크게 기여하고 있습니다. 또한, 도시는 SXSW$^{South\ by\ South\ West}$를 비롯해 O. 헨리 Pun-Off, 프라이드, 연날리기 축제 등을 개최하고 있으며, 미디어 아트 분야 유네스코 창의 도시로 도시 문화 예술의 가치를 알리고 키워 나가고 있습니다.

오스틴은 그 누구든 유혹할 수 있는 도시입니다. 코로나19로 원격 근무가 확산되고, 러시아-우크라이나 분쟁으로 세계 경제가 침체의 기로에 서 있는 상황에서도 첨단 기업과 인재들은 오스틴으로 향하고 있습니다. 첨단 기업의 입장에서는 젊은 인재들을 쉽게 구할 수 있고, 젊은 이들의 입장에서는 근무 여건이 우수한 기업에 취업할 수 있기 때문입니다. 1년 내내 온화한 기후와 쾌적한 환경, 저렴한 세금과 임대료, 열정적인 젊은이들과 역동적인 문화 예술, 스마트한 첨단 기술 등 모든 것에서 오스틴은 매력적인 도시입니다.

하지만 오스틴이 마냥 즐거운 도시만은 아닙니다. 너무나 많은 사람이 도시로 모이면서 각종 문제가 새로운 이슈로 떠오르게 되었습니다. 거대 자본이 도시로 유입되면서 오스틴은 교통 체증과 부동산 가격 상승, 노동력 부족 문제 등을 겪게 되었습니다. 오스틴을 터전으로 삼았던 중소기업들은 수많은 글로벌 기업의 유입으로 인해 인력난을, 상인들은 임대료 상승으로 인해 젠트리피케이션을 겪게 되었습니다.

또한 2000년대 초반 샌프란시스코와 함께 1인당 국내 총생산 5만 달러를 넘어섰던 도시의 소득 개선에 대한 문제가 불거지고 있습니다. 샌프란시스코는 10여 년간 8만 달러가 넘는 소득 증가율을 보임에도 불구하고, 오스틴은 미국 내 소득 증가율 폭과 같이 소득의 증가가 거의 없었기 때문입니다. 따라서 고소득의 일자리가 증가하고 있음에도 불구하고 도시민의 소득이 개선되지 못하고 있는 문제를 해결하기 위한 노력이 필요할 것으로 보입니다.

참고문헌

단행본, 학술지, 연구 보고서

- 곽 기안 운(Kian woon Kwok), 「싱가포르, 문화허브 창조도시」,
- 문화도시조성 국제컨퍼런스, 아시아문화중심도시추진단, 2007.
- 김태경, 「창조도시이론과 미래도시 발전방향에 관한 연구」, 경기개발연구원, 2010.
- 노다구니히로, 정희정, 『창조도시 요코하마』, 서울: 예경, 2010.
- 루트번스타인, 박종성 역, 『생각의 탄생』, 서울: 에코의 서재, 2007.
- 리처드 플로리다, 이원호·이종호·서민철 역, 『도시와 창조계급』, 서울: 푸른길, 2008.
- 리처드 플로리다, 이길태 역, 『신창조계급(개정판)』, 서울: 북 콘서트, 2011.
- 사사키 마사유키, 「창조도시의 세기와 아시아」, '창조도시 인천' 조성을 위한 공간적 문화정책의 방향, 2006 인천광역시 문화정책 토론회 결과보고서, 인천발전연구원, 1-50, 2006.
- 사사키 마사유키, 정원창 역, 『창조하는 도시: 사람, 문화, 산업의 미래』, 서울: 소화, 2004.
- 사사키 마사유키·종합연구개발기구, 이석현 역, 『창조도시를 디자인하라』, 파주: 미세움, 2010.
- 마강래, 『지방도시살생부』, 고양: 개마고원, 2017.
- 안혜원, "한국적 창조도시의 성공전략에 관한 연구: 문화거버넌스 접근을 중심으로", 충북대학교 박사학위논문, 2012.
- 양영근, "MICE산업을 선도하는 유치프로젝트 왜 필요한가?: 싱가포르 사례 중심", 제주관광학회 학술발표자료, 91-111, 2011.
- 원제무, 『창조도시 예감』, 서울: 한양대학교 출판부, 2011.
- 이두현, 「한국의 유형별 창조도시 분석 및 발전 가능성」, 공주대학교 일반대학원, 박사학위논문, 2022.
- 이진희, "싱가포르의 관광 정책 및 관광 단지 개발 사례", 「산경논집」, 제29호, 濟州大學校 觀光과 經營經濟研究所, 168, 2012.
- 전지훈, 「창조도시의 개념과 특성과 관한 연구」, 추계예술대학교 문화예술경영대학원, 문화기획 석사학위논문, 2007.
- 찰스 랜드리, 임상오 역, 『창조도시』, 서울: 해냄, 2005.
- 찰스 랜드리, 메타기획컨설팅 역, 『크리에이티브 시티메이킹』, 서울: 역사넷, 2009.
- 최재현, 『지역분석의 기초』, 서울: 두솔, 2004.

- 캐빈 애슈턴, 이은경 역, 『창조의 탄생』, 서울: 북라이프, 2015.
- 원제무, 『창조계급과 창조도시』, 서울: 보성각, 2020.
- 허정현, 「첨단산업 클러스터와 대학 중심의 지식네트워크-미국 텍사스 오스틴 시의 사례연구」, 이화여자대학교 대학원, 지역연구 석사학위논문, 2006.
- 한국지역문화지원협의회, 「일본 창조도시 사례탐방」, 한국지역문화지원협의회 해외연수 종합결과보고서, 10-11, 2013.
- Brian Kelly & Stephen Ashe(2014), Ethnic mixing in Glasgow(NOVEMBER 2014), http://hummedia.manchester.ac.uk/institutes/code/briefings/localdynamicsofdiversity/ethnic-mixing-in-glasgow.pdf
- Creative SpIN(2014), Creativity, Industry and Economy: Europe debates in Bologna, Creative SpIN.
- Eivind Furlund(2008), Singapore from third to first world country: The effect of development in Little India and Chinatown, Master's thesis. Department of Geography. Norwegian University of Technology and Science, Trondheim.
- Karvinen, M.(2005), Innovation and creativity strategies in Helsinki, 41st ISoCaRP Congress 2005.
- Kenichi Kawasaki(2013), Singapore as a Creative City in Globalisation Cultural Policies and New Cosmopolitanisms, Journal of Global Media Studies, Vol. 12, pp.31-40.
- Lily Kong, Brenda S. A. Yeoh,(1996), Social Constructions of Nature in Urban Singapore, Southeast Asian Studies, Vol. 34, No(2), pp.402-423.
- Lily Kong(2012), Singapore & The Making of a Creative City, Chinese Creative Industries Forum 2012(Macau 2 June 2012)
- Perry, M. Kong, L. & Yeoh, B.(1997), Singapore a developmental city state. John Wiley and Sons Ltd, Chichester.
- Talent & Enterprise Taskforce(2012), Futurestory-Glasgow, Talent & Enterprise Taskforce.
- Zamagni, S., Zamagni, V. 송성호 역, 『협동조합으로 기업하라』, 서울: 북돋움, 2012.

신문

- 「관광대국 스페인…MICE산업으로 날개 달다」, 『ktv』, 2017.01.05.
- 「도시, 미래로 미래로 이탈리아 볼로냐」, 『동아일보』, 2009.10.08.
- 「디지털, 인프라, 의료와 개인 안전까지…세계에서 가장 안전한 도시 10곳은?」, 『아시아투데이』, 2015.01.29.
- 「세계에서 가장 살기 좋은 도시 1위는 오스트리아 빈, 한국 서울은..」, 『데이터 뉴스』, 2016.02.23.
- 「'소매치기 천국' 伊, 소매치기 포함 범죄 전반적 감소세」, 『연합뉴스』, 2016.10.08.
- 「메시의 창의」, 『동아닷컴』, 2016.03.16.
- 「미국 최고의 도시는 텍사스 오스틴…기술·교육 투자가 결실」, 『헤럴드경제』, 2015.05.27.
- 「미국 오스틴, 히피 역동성이 꽃피운 첨단산업…불 밝힌 실리콘힐스」, 『매일경제』, 2015.04.29.
- 「바르셀로나 범죄율 낮아져」, 『연합뉴스』, 1992.07.24.
- 「바이오 강국 필수 요건 '바이오클러스터'」, 『데일리메디』, 2017.03.17.
- 「박원순 시장 '협동조합의 천국' 볼로냐 시장을 만나다」, 『한국경제』, 2013.11.08.
- 「백야에 출동한 진귀한 뮤지션들… 밤새 흔들어볼까요」, 『조선일보 2018.08.24.』
- 「변화하는 외국 도시들〈하〉 리더십으로 바꾼다 - 일본 요코하마」, 『중앙일보』, 2009.08.12.
- 「싱가포르, 작년 관광객 1640만 명 돌파…소비액만 28조」, 『아주 경제』, 2017.06.26.
- 「영국 학교는 이렇게 다르다」, 『신동아』, 2010년 10월호
- 「"이스라엘·싱가포르를 뛰어 넘어라" 창조경제형 물산업 클러스터 '박차'」, 『영남일보』, 2014.10.28.
- 「이탈리아 볼로냐가 윤택한 이유」, 『시사인』, 2011.07.20.
- 「일자리 4만6천개·세금 4조…빌딩 하나가 살린 싱가포르 경제」, 『매일 경제』, 2017.02.06.
- 「제조업 기반 취약한 싱가포르·호주의 반란」, 『한국경제』, 2016.10.16.
- 지자체 콘텐츠 개입, 어떤 이유로도 안 돼」, 『동아닷컴』, 2016.07.12.
- 「창조도시, 요코하마를 가다·1신도시의 모델, 미나토미라이21」, 『경인일보』, 2010.06.29.
- 「창업 생존률 높이려면」, 『서울 경제』, 2015.09.02.
- 「친기업 환경, 싱가포르 마이스 경쟁력의 비결」, 『한국 경제』, 2016.07.28.
- 「'테마출장' 박원순, 다음은 협동조합도시 볼로냐」, 『연합뉴스』, 2012.07.02.

- 「타깃 세분화·스토리텔링…싱가포르 '관광허브' 비전 제시」, 『매일 경제』, 2017.02.13.
- 「'텍사스의 실리콘밸리' 오스틴, 미국서 가장 살기 좋은 대도시」, 『한국경제』, 2015.08.05.
- 「협동조합으로 일하기, 여성 신문」, 『여성신문』, 2015.12.08.
- 「[한중일 '혁신경쟁' 현장 가다] ③日 요코하마 '창조도시센터'」, 『뉴시스』, 2019.12.09.
- 「[쇠락하는 도시 번성하는 도시]⑧미래 성장도시 美 오스틴」, 『매일신문』, 2010.08.27.
- 「51전52기 앵그리버드… 실패가 발목 잡았다면 날수 없었다.」, 『동아일보』, 2013.06.10.
- 「伊 검찰, 마피아 체포 작전…160여 명 체포」, 『OBS뉴스』, 2015.01.29.
- "Origins of the Etruscans: Was Herodotus right?", The New York Times, 2007.04.03.
- 「Most liveable city: Helsinki — Monocle Film / Affairs」, 『Monocle.com』, 2013.03.12.
- 「Coventry named seventh most dangerous city in Europe - and the worst in Britain」, 『Mirror』, 2017.01.05.
- 「Glasgow homicide rate down 58 per cent but city still has highest murder rate in Scotland」, 『GlasgowLive』, 2016.10.12.
- "Singapore economy sees record expansion in 2010", BBC, 2011.01.03.
- "How many people move to Austin a day? Here's the official number". Austin Business Journal. 2014.02.19.
- "East Austin restaurant El Azteca likely closing after 53 years", Austin 360, 2016.8.19.

웹사이트

- 위키피디아 영어판 (https://en.wikipedia.org/)
- 네이버 백과사전 (http://terms.naver.com/)
- 유네스코한국위원회 (https://www.unesco.or.kr/)
- Unibo웹사이트 (http://www.unibo.it/)
- Glasgow 웹사이트(http://www.glasgo.gov.uk),
- EHEA웹사이트 (http://www.ehea.info/)
- The Economist Intelligence Unit 웹사이트 (http://www.eiu.com/)
- BolognaPress 웹사이트 (http://www.bolognapress.com/)
- Universidad Autónoma de Barcelona 웹사이트 (http://www.ub.edu/)

코트라 웹사이트 (http://news.kotra.or.kr/)
Austintexas 웹사이트 (http://www.austintexas.gov/)
World Cities Culture Forum 웹사이트 (http://www.worldcitiescultureforum.com/)

출처

16p / 사그라다 파밀리아^{Sagrada Familia} /
https://pixabay.com/photos/sagrada-fam%C3%ADlia-cathedral-552084/

17p / 구엘 공원^{Park Güell} / https://commons.wikimedia.org/wiki/File:ParcG%C3%BCell%28Barcelona%29-58.jpg

19p / 벨 항구^{Port Vell} / https://commons.wikimedia.org/wiki/File:Barcelona,altesHafenamtmitHafenundSantaMaria,demSchiffvonChristofColumbus-1971.jpg

23p / 바르셀로나의 거리와 블록 구획 /
https://commons.wikimedia.org/wiki/File:Eixampleairecropped.jpg

27p / 카사밀라^{Casa Milà} /
https://commons.wikimedia.org/wiki/File:CasaMil%C3%A0,generalview.jpg

29p / 현대 미술관^{MACBA} / https://www.flickr.com/photos/lulek/15852708344

31p / 22@바르셀로나 프로젝트로 재생된 혁신 지구 / https://commons.wikimedia.org/wiki/File:Barcelonadesdeelmar-panoramio(1a).jpg

33p / 바르셀로나 모바일 월드 콩그레스^{MWC} / https://commons.wikimedia.org/wiki/File:FiraBarcelonaMobileWorldCongress2013.jpg

38p / 229 Edificio Planeta / https://commons.wikimedia.org/wiki/File:229EdificiPlaneta,av.Diagonal662-664%28Barcelona%29.jpg

42p / 바르셀로나대학교 /
https://commons.wikimedia.org/wiki/File:UniversidaddeBarcelona.JPG

56p / 가리센다^{Garisenda}와 아시넬리^{Asinelli} /
https://www.pexels.com/photo/aerial-view-of-city-buildings-11478831/

57p / 마조레 광장^{Piazza Maggiore} /
https://commons.wikimedia.org/wiki/File:PiazzaMaggiore-Panoramica.jpg

65p / 이탈리아 산업 지구 '제3의 이탈리아' / 사사키 마사유키 저, 정원창 역(2004)

67p / '붉은 도시'로 불리는 볼로냐 /
https://commons.wikimedia.org/wiki/File:BolognaseenfromAsinellitower.jpg

68p / 세계문화유산으로 지정된 포르티코^{portico} /

https://www.pexels.com/photo/photo-of-hallway-during-daytime-2903240/

70p / 볼로냐 현대미술관 '맘보MAMbo:Museo d'Arte Moderna di Bologna' /
https://commons.wikimedia.org/wiki/File:BolognaMambo.jpg

72p / 볼로냐대학교 /
https://commons.wikimedia.org/wiki/File:ArchiginnasioBolognabynight.jpg

74p / 마조레 광장에서 열린 볼로냐의 행사 장면 / https://commons.wikimedia.org/wiki/File:PiazzaMaggiore,WorldFoodDay2015.jpg

76p / 볼로냐 LGBT 축제 현장 /
https://www.pexels.com/photo/city-man-people-woman-12611671/

87p / 헬싱키항 / https://commons.wikimedia.org/wiki/File:SouthHarbourfromair.jpg

88p / 파실라Pasila / https://commons.wikimedia.org/wiki/File:Tripla2019-09-18.jpg

92p/ 헬싱키대학 / https://commons.wikimedia.org/wiki/File:Suomi100UniversityofHelsinkimainbuilding4.jpg

95p / 아라비안란타Arabianranta /
https://commons.wikimedia.org/wiki/File:Arabiacampuslibrary.jpg

98p / 케이블 팩토리 / https://commons.wikimedia.org/wiki/File:Nosturi2.jpg

104p / 헬싱키 프라이드 /
https://commons.wikimedia.org/wiki/File:HelsinkiPrideParadeI(5897488480).jpg

107p / 빛의 축제Lux Helsinki Festival /
https://commons.wikimedia.org/wiki/File:LuxHelsinki2020HelsinkiCathedral1.jpg
https://commons.wikimedia.org/wiki/File:LuxHelsinki20185.jpg

109p / 헬싱키 칼라사타마Kalasatama /
https://commons.wikimedia.org/wiki/File:KalasatamanpuistoinKalasatama,S%C3%B6rn%C3%A4inen,Helsinki,Finland,2021July-3.jpg

111p / 친환경 생태 주거 단지 '에코 비키' /
https://commons.wikimedia.org/wiki/File:Latokartano-maisema1.jpg

124p / 켈빈글로브 미술관과 박물관 / https://commons.wikimedia.org/wiki/File:KelvingroveArtGalleryandMuseum-exterior.jpg

124p / 상인 도시Merchant City /
https://commons.wikimedia.org/wiki/File:MerchantCity,Glasgow016.jpg

130p /글래스고대학교 / https://commons.wikimedia.org/wiki/File:GlasgowUniversity%28geograph5269076%29.jpg

https://commons.wikimedia.org/wiki/File:GlasgowUniversity3.jpg
132p / 태평양 부두^(Pacific Quay) /
https://commons.wikimedia.org/wiki/File:RiverClyde2021.jpg
138p / 제26차 유엔기후변화협약 당사국총회(COP26) /
https://commons.wikimedia.org/wiki/File:ThePrimeMinister,ShriNarendraModimeetingthePrimeMinisterofIsrael,Mr.NaftaliBennett,inGlasgow,ScotlandonNovember02,2021(2).jpg
150p / 야마시타 공원 /
https://commons.wikimedia.org/wiki/File:ParqueYamashita2.JPG
151p / 요코하마 마린타워 / https://commons.wikimedia.org/wiki/File:YokohamaMarineTower2022-01.jpg 저자 - NEO-NEED
153p / 미나토미라이21의 야경 /
https://commons.wikimedia.org/wiki/File:MinatoMiraiInBlue.jpg
155p / 내셔널 아트파크 주요 지역 /
Creative City YOKOHAMA: From the Past into the Future Editorial Commmittee(2009), Creative City YOKOHAMA and BankART, BankART1929, 55.
157p / 아카렌카(붉은 벽돌) 창고 / https://commons.wikimedia.org/wiki/File:YokohamaRedBrickWarehouse2012.JPG
168p / 요코하마 빛 축제^(SMART ILLUMINATION) / https://commons.wikimedia.org/wiki/File:SmartIlluminationYokohama2013-13.jpg
179p / 각 민족의 특성을 보여 주는 페라나칸 하우스 /
https://www.pexels.com/photo/houses-with-different-colors-in-asia-11062445/
180p / 마리아 베이^(Marina Bay)의 전경 / https://commons.wikimedia.org/wiki/File:MarinaBayandtheSingaporeskylineatdusk-20110311.jpg
181p / 가든스 바이 더 베이^(Gardens by the Bay) / https://commons.wikimedia.org/wiki/File:SupertreeGrove,GardensbytheBay, Singapore-20120704.jpg
187p / 에스플러네이드^(Esplanade) / https://commons.wikimedia.org/wiki/File:Esplanade-TheatresontheBay,Singapore.jpg
194p / 싱가포르대학교 전경 / https://commons.wikimedia.org/wiki/File:UniversityHall,NationalUniversityofSingapore, February2020.jpg
201p / 가든스 바이 더 베이^(Gardens by the Bay) / https://commons.wikimedia.org/wiki/

File:Singapore-GardensbytheBaySupertrees, FlowerDomeandCloudForestIMG4708.jpg

202p / 가든스 바이 더 베이의 인공 트리 전망대 / https://commons.wikimedia.org/wiki/File:Singapore(SG),GardensByTheBay--2019--4755.jpg

203p / 파크 로얄 온 피커링^{Parkroyal on Pickering} / https://commons.wikimedia.org/wiki/File:HotelParkRoyalonPickeringfromHongLimParkinSingapore.jpg

206p / 마리아 베이 샌즈^{Marina Bay Sands} 일대 전경 / https://www.pexels.com/ko-kr/photo/1842332/

216p / 레이디버드 호수에서 본 오스틴 중심가의 스카이라인 / https://commons.wikimedia.org/wiki/File:AustinAugust201919(skylineandLadyBirdLake).jpg

223p / SXSW 공연 현장 / https://commons.wikimedia.org/wiki/File:LordeattheACLMusicFestival%283%29.jpg

231p / 오스틴텍사스대학교 / https://commons.wikimedia.org/wiki/File:UniversityofTexasatAustin-evening.jpg

236p / 오스틴 프라이드^{Austin Pride} / https://commons.wikimedia.org/wiki/File:AustinPride20111016022(6143160786).jpg

238p / 녹지 속에 펼쳐지는 오스틴의 스카이라인 / https://commons.wikimedia.org/wiki/File:Austin-skyline.jpg

243p / 오스틴 마라톤 / https://commons.wikimedia.org/wiki/File:AustinMarathon2019Start.jpg